물댄 동산

이영훈 지음

교회성장연구소

: 들어가는 말

　　가족은 하나님께서 우리에게 주신 귀한 선물입니다. 가정은 마음을 쓰는 데 있어 그 어떤 공동체보다 우선되어야 하며, 우리의 마음을 다해 사랑할 수 있는 제1의 선교지가 되어야 합니다.

　　그러나 때로는 가족이 가장 무거운 십자가가 되어 우리의 삶을 짓누르기도 합니다. 사랑이 깨어지고 서로 상처를 남기는 사이가 되기도 합니다. 그럴 때 가정에서 가장 먼저 회복해야 할 것이 예배입니다. 가족이 연합하여 찬송하고 마음을 나누며 예수님을 높일 때 하나님께서는 그 가정을 책임져 주십니다.

　　신앙은 부모가 자녀에게 물려줄 수 있는 가장 큰 유산입니다. 자녀가 장성해서 세상과 부딪칠 때 믿음의 뿌리가 없다면 힘없이 넘어질 수 있습니다. 하지만 어렸을 때부터 가정예배를 통해 쌓아 온 믿음이 있다면, 잠시 방황하더라도 곧 제자리를 찾게 됩니다.

　　가정예배를 결심해 놓고 작심삼일로 끝나도 좋습니다. 작심삼일이 모여 1년이 되고, 2년이 됩니다. 일주일에 한 번이어도 좋습니다. 우리 가정은 무슨 일이 있어도 하나님 앞에 반석이 되겠다는 결단을 하고 나아가십시오.

　　『물 댄 동산』은 우리가 신앙생활을 하면서 당면하게 되는 문제와 고민거리를 '나눔의 시간' 과 '결단의 시간' 을 통해, 가족이 함께 나누고 교제할 수 있도록 했습니다. 또한 1~3월, 4~6월, 7~9월, 10~12월 총 네 권으로 구성했으며, 각 시기에 어울리는 주제를 다양하게 다룸으로써 가정에서도 균형 있는 예배를 드릴 수 있도록 했습니다.

  부디『물 댄 동산』을 통해 예배에 승리하여 빛으로 세상을 비추는 가정, 성령충만한 가정이 되기를 소망합니다.

여의도순복음교회 담임목사 | 이 영 훈

: 목 차

10월 *October*

1일	구원을 베푸실 전능자 • 12
2일	평안을 주노라 • 14
3일	나의 힘 • 16
4일	우리를 버리지 않으시는 하나님 • 18
5일	내가 너희를 쉬게 하리라 • 20
6일	두려워 말라 • 22
7일	새 영과 새 마음 • 24
8일	생수의 강 • 26
9일	성령의 회복 • 28
10일	여호와 이레 • 30
11일	여호와 샬롬 • 32
12일	승리 • 34
13일	천국 백성의 유산 • 36
14일	우리의 관심 • 38
15일	하나님의 뜻 • 40
16일	위대한 꿈 • 42
17일	거룩한 꿈 • 44
18일	야곱에서 이스라엘로 • 46
19일	실로암 • 48
20일	떠나라! • 50
21일	왕 같은 제사장 • 52
22일	와서 우리를 도우라! • 54

23일	신을 벗으라	• 56
24일	재림을 준비하라!	• 58
25일	기뻐하라!	• 60
26일	그리스도인의 사명	• 62
27일	내가 달려갈 길	• 64
28일	내가 여기 있나이다	• 66
29일	하나님의 계획	• 68
30일	영적인 독수리	• 70
31일	복음 전파의 도구	• 72

11월 November

1일	십자가의 복음	• 76
2일	보혈의 능력	• 78
3일	사랑의 실천	• 80
4일	하나됨	• 82
5일	권세 있는 신앙	• 84
6일	구원자 예수	• 86
7일	성령, 권능, 증인	• 88
8일	우리를 보내시는 예수님	• 90
9일	예수님의 사랑	• 92
10일	내가 그리스도와 함께	• 94
11일	내게 능력 주시는 자 안에서	• 96
12일	너희와 항상 함께 있으리라	• 98
13일	바나바의 동역	• 100

14일 　듣든지 아니 듣든지 • 102
15일 　눈높이 전도 • 104
16일 　주의 은혜의 해 • 106
17일 　모범을 보여야 합니다! • 108
18일 　복음의 증인 • 110
19일 　치료하는 신앙 • 112
20일 　때를 얻든지 못 얻든지 • 114
21일 　구원의 은혜 • 116
22일 　디아코니아 • 118
23일 　빌라델비아 교회의 축복 • 120
24일 　복음과 재림 • 122
25일 　아름다운 저축 • 124
26일 　주 예수께 받은 사명 • 126
27일 　사랑의 수고 • 128
28일 　복음을 전파하는 계기 • 130
29일 　진리로 인한 자유 • 132
30일 　하나님이 부르실 때 • 134

12월 *December*

1일 　그리스도 예수의 마음 • 138
2일 　그리스도를 따르는 삶 • 140
3일 　세상의 소금 • 142
4일 　예수님의 가족 • 144

5일	돌봄과 나눔	● 146
6일	이웃 사랑	● 148
7일	보아스의 밭	● 150
8일	섬김의 직분	● 152
9일	우리가 할 일	● 154
10일	믿음의 동역자	● 156
11일	예수 그리스도의 종	● 158
12일	오병이어	● 160
13일	섬김의 목적	● 162
14일	그의 죽으심을 본받아	● 164
15일	내 안에 있는 것	● 166
16일	선한 목자	● 168
17일	방언기도의 유익	● 170
18일	어머니의 기도	● 172
19일	환난의 때	● 174
20일	아브라함의 중보 기도	● 176
21일	치료하는 여호와(야훼)	● 178
22일	기도의 힘	● 180
23일	기도의 손	● 182
24일	바벨론의 그발 강가에서	● 184
25일	영적인 무기	● 186
26일	눈물의 기도	● 188
27일	환난 중에	● 190
28일	죽으면 산다!	● 192
29일	기도의 시간	● 194
30일	합심기도	● 196
31일	기도의 동역자	● 198

October 하나님의 약속 _ 부르심

10월 *October*

10월 1일

하나님의 약속 _ 부르심

구원을 베푸실 전능자

신앙고백 | 사도신경
찬송 | 304, 406장
본문 말씀 | 스바냐 3장 14-17절

> 시온의 딸아 노래할지어다 이스라엘아 기쁘게 부를지어다 예루살렘 딸아 전심으로 기뻐하며 즐거워할지어다 여호와가 네 형벌을 제거하였고 네 원수를 쫓아냈으며 이스라엘 왕 여호와가 네 가운데 계시니 네가 다시는 화를 당할까 두려워하지 아니할 것이라 그 날에 사람이 예루살렘에 이르기를 두려워하지 말라 시온아 네 손을 늘어뜨리지 말라 너의 하나님 여호와가 너의 가운데에 계시니 그는 구원을 베푸실 전능자이시라 그가 너로 말미암아 기쁨을 이기지 못하시며 너를 잠잠히 사랑하시며 너로 말미암아 즐거이 부르며 기뻐하시리라 하리라

　하나님은 자신의 백성을 기뻐하십니다. 부모가 갓 태어난 아이를 보며 기뻐하듯이 하나님은 죄의 수렁에서 건져내어 자녀 삼으신 우리를 기뻐하십니다. 예수님의 신부이자 하나님의 사랑하는 백성인 우리를 그 품에 안으시고 기뻐하시는 것입니다.

　본문은 포로되었던 이스라엘이 하나님의 은혜로 해방된 기쁨을 기록한 것입니다. 이것은 이스라엘의 회복에 관한 말씀이면서 동시에 죄에서 구원받아 하나님의 은혜를 누리며 살아가는 모든 그리스도인에게 주신 말씀입니다. 나아가 장차 예수님이 영광 받으실 때, 그리스도를 섬기는 모든 백성이 누리게 될 기쁨에 대한 말씀입니다. 이스라엘은 하나님에게 죄짓고 불의하였을 때, 형벌을 받아 이방민족의 포로로 끌려가게 되었습니다. 그러나 그들이 회개할 때 하나님은 다시 구원의 문을 열어주셨습니다. 하나님은 이렇듯 그의 백성이 회개할 때 모든 죄를 용서하시고 기쁨으로 맞아 주는 분이십니다.

이처럼 하나님은 죄인이 구원받아 하나님의 백성으로서 복과 은혜를 누리기 원하십니다. 그러므로 우리는 하나님만이 구원하시는 전능자이심을 믿음으로 담대히 하나님의 은혜의 보좌 앞으로 나아가야 합니다.

나눔의 시간

함께하면 기분이 좋아지면서 행복하게 만드는 사람이 있습니까? 왜 기분이 좋아지는지 생각해 보고 마음을 나눠 봅시다.

결단의 시간

하나님은 우리가 기뻐할 때 가장 기뻐하는 분이십니다. 오늘 우리가 드리는 예배가 기쁨과 감사와 찬양이 넘치는 시간이 되도록 결단합시다.

함께하는 기도

하나님 아버지, 주님을 기뻐하며 찬양하기 원합니다. 하나님의 백성으로 삼아 주신 것과 하나님과 동행하는 가정이 되게 하신 것에 감사하며 예배하게 하여 주옵소서. 하나님의 기쁨이 가득한 가정이 되도록 인도해 주옵소서. 예수님의 이름으로 기도합니다. 아멘.

암송 말씀

> 너의 하나님 여호와가 너의 가운데에 계시니 그는 구원을 베푸실 전능자이시라 그가 너로 말미암아 기쁨을 이기지 못하시며 너를 잠잠히 사랑하시며 너로 말미암아 즐거이 부르며 기뻐하시리라 하리라 _습3:17

주기도문

10월 2일

하나님의 약속 _ 부르심

평안을 주노라

신앙고백 | 사도신경
찬송 | 182, 183장
본문 말씀 | 요한복음 14장 25-27절

> 내가 아직 너희와 함께 있어서 이 말을 너희에게 하였거니와 보혜사 곧 아버지께서 내 이름으로 보내실 성령 그가 너희에게 모든 것을 가르치고 내가 너희에게 말한 모든 것을 생각나게 하리라 평안을 너희에게 끼치노니 곧 나의 평안을 너희에게 주노라 내가 너희에게 주는 것은 세상이 주는 것과 같지 아니하니라 너희는 마음에 근심하지도 말고 두려워하지도 말라

　예수님은 사랑하는 제자들에게 약속하셨습니다. "나의 평안을 너희에게 주노라." 여기서 '나의 평안'이란 '예수 그리스도의 평안'을 말합니다. 이 세상에서 얻는 기쁨은 일시적이지만 주님이 주시는 평안은 세상이 줄 수도, 알 수도 없는 영원한 것입니다.

　세계 최고의 갑부 중 한 사람이었던 하워드 휴즈 Howard Robard Hughes Jr. 는 미국의 투자가, 비행사, 공학자, 영화 제작자, 감독, 자선가로 누가 봐도 성공한 사람이었습니다. 그러나 누군가가 자신을 죽이려 한다는 불안감 속에서 전 세계로 도망 다니다가 한 호텔에서 영양실조로 죽음을 맞았습니다. 세상은 우리에게 끊임없이 염려와 불안, 근심을 가져다줄 뿐이기에 우리는 이 세상에서 참된 만족을 얻을 수 없습니다. 따라서 세상을 목적으로 삼고 살아갈 때 다가오는 것은 허무와 실망뿐입니다. 참 평안은 오직 예수님에게만 있습니다. 그러므로 우리는 주님께서 이미 약속하신 평안을 믿음으로 성취해야 합니다. 세상이 주는 염려와 근심 대신 주님께서 주시는 은혜와 사랑으로 마음을 채워야 합니다.

나눔의 시간

최근 가장 행복했던 순간은 언제였습니까? 무엇이 그렇게 행복하게 만들었습니까? 그 이유를 나눠봅시다.

결단의 시간

성공이 우리에게 평안을 줄 수 없습니다. 오직 예수님만이 우리를 만족하게 하십니다. 지금 이 시간 우리의 초점을 예수님에게 맞추기로 결단합시다. 모든 우상을 내려놓고 예수님만 예배하기로 결단합시다.

함께하는 기도

하나님 아버지, 돈이나 명예나 권력이나 건강으로 우리의 영혼이 만족할 수 없음을 고백합니다. 주님께서 주시는 평안, 영원한 생명수와 같은 평안을 허락해 주옵소서. 예수님의 이름으로 기도합니다. 아멘.

암송 말씀

> 평안을 너희에게 끼치노니 곧 나의 평안을 너희에게 주노라 내가 너희에게 주는 것은 세상이 주는 것과 같지 아니하니라 너희는 마음에 근심하지도 말고 두려워하지도 말라_요 14:27

주기도문

10월 3일

나의 힘

신앙고백 | 사도신경
찬송 | 540, 546장
본문 말씀 | 시편 18편 1-3절

> 나의 힘이신 여호와여 내가 주를 사랑하나이다 여호와는 나의 반석이시요 나의 요새시요 나를 건지시는 이시요 나의 하나님이시요 내가 그 안에 피할 나의 바위시요 나의 방패시요 나의 구원의 뿔이시요 나의 산성이시로다 내가 찬송 받으실 여호와께 아뢰리니 내 원수들에게서 구원을 얻으리로다

　하나님은 우리의 피난처이자 안식처가 되십니다. '반석'이란 험한 암벽이나 바위로 둘러싸인 땅을 가리킵니다. 또 '요새'는 높은 곳에 자리 잡은 성을 말합니다. 즉, 두 단어 모두 적군이 쉽게 쳐들어오지 못하는 안전한 장소를 의미하는 것입니다.

　다윗은 평생 적이 많았습니다. 목동이던 시절에는 양을 노리는 들짐승, 블레셋과의 전쟁터에서는 골리앗, 골리앗을 물리치고 난 이후에는 더 많은 적이 생겼습니다. 그중에서 가장 대표적인 사람이 사울입니다. 다윗을 칭찬하는 소리 때문에 질투에 눈이 먼 그는 다윗을 죽이려고 마음먹었습니다. 다윗은 그때부터 도망자 신세가 되었습니다. 사울은 다윗을 돕는 사람을 죽이기도 하고, 삼천 명의 군사를 이끌고 다윗을 추격하기도 했습니다. 사람의 힘으로 도저히 벗어날 수 없는 위기였습니다.

　그러나 놀랍게도 주님은 이러한 사울의 공격으로부터 다윗을 보호해 주셨습니다. 뿐만 아니라 모든 대적으로부터 다윗을 건져 주셨습니다. 이처럼 하나님은 우리를 모든 환난과 대적으로부터 건져내어 승리와 축복의 길로 인도하십니다.

나눔의 시간

집을 멀리 떠나 다른 곳에서 살았던 적이 있습니까? 그때 마음이 어땠는지 나눠 봅시다.

결단의 시간

우리가 집에서 안정감을 누리는 것처럼 우리 영혼은 주님의 보호와 구원 안에서만 평안할 수 있습니다. 주님의 보호를 받는 가정이 되기 위해 순종해야 할 것을 생각해 보고 결단합시다.

함께하는 기도

하나님 아버지, 한평생 우리의 보호자가 되어 주옵소서. 환난과 죄의 속박으로부터 우리를 구원해 주실 것을 믿습니다. 다른 것이 아니라 오직 하나님만 의지하는 가정이 되도록 역사해 주옵소서. 예수님의 이름으로 기도합니다. 아멘.

암송 말씀

> 여호와는 나의 반석이시요 나의 요새시요 나를 건지시는 이시요 나의 하나님이시요 내가 그 안에 피할 나의 바위시요 나의 방패시요 나의 구원의 뿔이시요 나의 산성이시로다_시 18:2

주기도문

10월 4일

하나님의 약속 _ 부르심

우리를 버리지 않으시는 하나님

신앙고백 | 사도신경
찬송 | 430, 436장
본문 말씀 | 이사야 49장 14-17절

> 오직 시온이 이르기를 여호와께서 나를 버리시며 주께서 나를 잊으셨다 하였거니와 여인이 어찌 그 젖 먹는 자식을 잊겠으며 자기 태에서 난 아들을 긍휼히 여기지 않겠느냐 그들은 혹시 잊을지라도 나는 너를 잊지 아니할 것이라 내가 너를 내 손바닥에 새겼고 너의 성벽이 항상 내 앞에 있나니 네 자녀들은 빨리 걸으며 너를 헐며 너를 황폐하게 하던 자들은 너를 떠나가리라

기독교는 희망의 종교입니다. 신앙생활은 영원한 희망되신 예수 그리스도를 믿음으로 시작됩니다. 세상은 절망으로 가득하지만 예수님 안에는 참된 희망이 있습니다.

본문은 포로생활 중인 유다 백성에게 주신 희망과 축복의 말씀입니다. 유다는 우상숭배로 인해 하나님의 심판을 받아 바벨론에 포로로 끌려갔습니다. 그들은 '하나님이 나를 버린 것은 아닐까? 하나님이 나를 떠나지 않으셨을까? 나를 잊어버리지 않으셨을까?' 라는 생각을 하게 되었습니다. 그러나 하나님은 이렇게 말씀하십니다. "나는 너를 잊지 아니하리라. 내가 너를 떠나지 아니하고, 버리지 아니하리라." 생활이 힘들어 자식을 버리는 무정한 부모는 있을지라도 하나님은 우리를 버리시지 않습니다.

하나님은 우리를 긍휼히 여기고 돌보는 분이십니다. 예수님을 믿는 순간 우리의 마음에는 하나님의 영이신 성령이 오셔서 우리를 떠나지 않으시며 항상 함께하십니다. 우리는 이런 하나님에게 늘 감사해야 합니다.

나눔의 시간

사람이 많은 곳에서 부모님이나 일행과 떨어진 적이 있습니까? 그때의 마음과 다시 만났을 때의 마음을 나눠 봅시다.

결단의 시간

슬픔을 기쁨으로 바꾸시는 하나님을 믿습니까? 그렇다면 믿음으로 '지금 이 고난은 기쁨으로 바뀔 것이다' 라고 선포합시다. 그리고 절망 대신 믿음을 갖기로 결단합시다.

함께하는 기도

하나님 아버지, 모든 절망을 소망으로 바꾸시는 주님의 은혜를 기억합니다. 삶의 고난이 우리를 넘어뜨리지 않도록 지켜 주옵소서. 우리를 지키시는 주님을 바라보는 믿음을 허락해 주옵소서. 예수님의 이름으로 기도합니다. 아멘.

암송 말씀

여인이 어찌 그 젖 먹는 자식을 잊겠으며 자기 태에서 난 아들을 긍휼히 여기지 않겠느냐 그들은 혹시 잊을지라도 나는 너를 잊지 아니할 것이라_사 49:15

주기도문

10월 5일

하나님의 약속 _ 부르심

내가 너희를 쉬게 하리라

신앙고백 | 사도신경
찬송 | 365, 369장
본문 말씀 | 마태복음 11장 25-29절

> 그 때에 예수께서 대답하여 이르시되 천지의 주재이신 아버지여 이것을 지혜롭고 슬기 있는 자들에게는 숨기시고 어린 아이들에게는 나타내심을 감사하나이다 옳소이다 이렇게 된 것이 아버지의 뜻이니이다 내 아버지께서 모든 것을 내게 주셨으니 아버지 외에는 아들을 아는 자가 없고 아들과 또 아들의 소원대로 계시를 받는 자 외에는 아버지를 아는 자가 없느니라 수고하고 무거운 짐 진 자들아 다 내게로 오라 내가 너희를 쉬게 하리라 나는 마음이 온유하고 겸손하니 나의 멍에를 메고 내게 배우라 그리하면 너희 마음이 쉼을 얻으리니

　우리는 예수님에게 온유와 겸손을 배워야 합니다. 온유함은 예수님의 부드러운 성품이며 사랑의 모습으로 나타납니다. 누구에게도 상처주지 않고 사랑으로 품는 치료자의 모습입니다. 이러한 예수님의 온유를 배우면 우리 삶이 변화되어 남을 변화시키는 사람이 됩니다.

　예수님의 겸손에 대해 성경은 이렇게 말합니다. "그는 근본 하나님의 본체시나 하나님과 동등됨을 취할 것으로 여기지 아니하시고 오히려 자기를 비워 종의 형체를 가지사 사람들과 같이 되셨고 사람의 모양으로 나타나사 자기를 낮추시고 죽기까지 복종하셨으니 곧 십자가에 죽으심이라"빌 2:6. 하나님이 사람의 모습으로 이 땅에 오셔서 십자가에서 죽으신 것입니다.

　이러한 예수님의 모습을 본받아 겸손해질 때, 우리에게서 예수님의 영광이 나타나기 시작할 것입니다. 예수님의 사랑이 넘쳐나기 시작할 것입니다. 예수님의 온유와 겸손을 배우면 우리의 모든 무거운 짐이 사라지게 될 것입니다.

나눔의 시간

누군가가 잘난 척할 때 우리의 마음은 어떠합니까? 다른 사람이나 가족을 대하는 우리의 모습은 어떠한지 돌아보고 나눠 봅시다.

결단의 시간

온유함과 겸손함은 우리의 말과 행동에서 나타납니다. 가족이나 이웃을 대할 때 겸손과 온유로 말하고 행동하기로 결단합시다.

함께하는 기도

하나님 아버지, 온유한 사람이 되기 원합니다. 우리의 마음이 항상 겸손하기를 원합니다. 우리의 말과 행동이 주님 모습을 닮기 원합니다. 참 평안을 누릴 수 있는 온유함과 겸손함을 허락해 주옵소서. 예수님의 이름으로 기도합니다. 아멘.

암송 말씀

수고하고 무거운 짐 진 자들아 다 내게로 오라 내가 너희를 쉬게 하리라 _마 10:28

주기도문

10월 6일

두려워 말라

신앙고백 | 사도신경
찬송 | 407, 410장
본문 말씀 | 이사야 41장 10-13절

> 두려워하지 말라 내가 너와 함께 함이라 놀라지 말라 나는 네 하나님이 됨이라 내가 너를 굳세게 하리라 참으로 너를 도와주리라 참으로 나의 의로운 오른손으로 너를 붙들리라 보라 네게 노하던 자들이 수치와 욕을 당할 것이요 너와 다투는 자들이 아무 것도 아닌 것 같이 될 것이며 멸망할 것이라 네가 찾아도 너와 싸우던 자들을 만나지 못할 것이요 너를 치는 자들은 아무것도 아닌 것 같고 허무한 것 같이 되리니 이는 나 여호와 너의 하나님이 네 오른손을 붙들고 네게 이르기를 두려워하지 말라 내가 너를 도우리라 할 것임이니라

우리는 두려움과 싸워 승리하는 삶을 살아야 합니다. 두려움을 마음에 담은 채 살아서는 안 됩니다. 하나님의 말씀을 붙잡고 기도함으로 마음을 강하고 담대하게 하여 두려움과 싸워 이겨야 합니다. 승리자 되시는 주님을 믿고 나아간다면 우리는 백전백승할 수 있습니다.

본문은 하나님이 의로운 오른손으로 우리를 붙드신다고 말합니다. 공의의 하나님이 강한 팔로 대적을 멸하고 의로운 오른손으로 우리를 붙들어 안전한 곳으로 인도해 주시는 것입니다. 하나님은 절대로 자녀의 손을 놓지 않으십니다. 우리가 아무리 연약하고 부족해도 절대 우리를 놓지 않으십니다. 때로는 실족하고 넘어져 범죄할지라도 회개하고 주님께 나아오기만 하면 하나님은 능력의 오른손으로 우리를 붙들어 놀라운 역사를 이루어 가십니다.

아버지의 손을 굳게 붙잡은 아이가 눈길에서도 안전하듯이 하나님에게 붙들린 우리도 안전합니다. 하나님의 오른손에 붙들리게 되기를 바랍니다. 절망에 걸려 넘어지려 할 때마다 잡아주시고 또 잡아주시는 하나님 안에서 승리하시기 바랍니다.

나눔의 시간

언제 가장 두려움을 느낍니까? 우리가 느끼는 두려움과 그 이유를 나눠 봅시다.

결단의 시간

하나님은 두려워하지 말라고 명령하십니다. 우리를 '주님의 권능의 오른손으로 붙드신다'고 약속하십니다. 오늘 우리가 직면하고 있는 두려움을 향하여 주님의 권능을 의지하여 두려워하지 않겠다고 결단하며 선포합시다.

함께하는 기도

하나님 아버지, "두려워하지 말라. 놀라지 말라. 너를 굳세게 하리라. 너를 도와주리라. 너를 붙들리라"는 약속의 말씀을 주셔서 감사합니다. 주님의 손에 붙들려 인도받는 삶을 살게 하시고, 말씀을 믿고 의지함으로 승리하는 가정이 되게 하여 주옵소서. 예수님의 이름으로 기도합니다. 아멘.

암송 말씀

> 두려워하지 말라 내가 너와 함께 함이라 놀라지 말라 나는 네 하나님이 됨이라 내가 너를 굳세게 하리라 참으로 너를 도와주리라 참으로 나의 의로운 오른손으로 너를 붙들리라 _사 41:10

주기도문

하나님의 약속 _ 부르심

10월 7일

새 영과 새 마음

신앙고백 | 사도신경
찬송 | 287, 292장
본문 말씀 | 에스겔 36장 26-28절

> 또 새 영을 너희 속에 두고 새 마음을 너희에게 주되 너희 육신에서 굳은 마음을 제거하고 부드러운 마음을 줄 것이며 또 내 영을 너희 속에 두어 너희로 내 율례를 행하게 하리니 너희가 내 규례를 지켜 행할지라 내가 너희 조상들에게 준 땅에서 너희가 거주하면서 내 백성이 되고 나는 너희 하나님이 되리라

　본문은 바벨론에서 포로생활을 하고 있는 이스라엘에게 주신 희망의 말씀입니다. 또한 죄의 노예로 살다가 예수님을 믿고 새사람이 된 그리스도인에게 주시는 축복의 말씀이기도 합니다. 주님은 그리스도인에게 새 영과 새 마음을 주셔서 마음을 근본적으로 변화시키겠다고 약속하셨습니다. 새 영과 새 마음을 주신다는 것은 우리가 성령의 인도함을 받게 하시겠다는 뜻입니다. 즉 성령께서 우리를 말씀대로 살도록 인도해 주신다는 의미입니다. 또한 하나님은 우리가 그의 백성답게 살도록 감사와 찬양이 넘쳐나게 하시며 그 결과 하나님에게 영광 돌리는 삶을 살도록 하십니다.

　여러 장애를 극복한 헬렌 켈러 여사는 그리스도인으로서의 자신의 삶에 대해 이렇게 고백했습니다. "고통 중에 하나님을 만나 참 기쁨을 누리게 하시니 감사합니다." 아무리 큰 고통이 있다 하더라도 하나님의 백성은 이처럼 평안을 누릴 수 있습니다. 우리도 하나님의 백성으로서 십자가 은혜를 감사하며 살아간다면 삶의 놀라운 변화를 경험할 것입니다.

나눔의 시간

어떤 희망을 품고 살아가고 있습니까? 희망이 우리 삶에 끼치는 영향력에 대해 나눠 봅시다.

결단의 시간

하나님의 백성은 하나님에게 영광 돌리는 삶을 살아야 합니다. 우리 가정이 믿는 가정으로서 하나님에게 영광을 돌릴 수 있도록 결단합시다.

함께하는 기도

하나님 아버지, 주님이 주신 소망을 품고 살아가는 삶과 가정이 되기 원합니다. 새 영과 새 마음을 부어 주셔서 하나님의 백성답게 감사하는 삶을 살 수 있도록 인도해 주옵소서. 예수님의 이름으로 기도합니다. 아멘.

암송 말씀

또 내 영을 너희 속에 두어 너희로 내 율례를 행하게 하리니 너희가 내 규례를 지켜 행할지라 _겔 36:27

주기도문

하나님의 약속 _ 부르심

10월 8일

생수의 강

신앙고백 | 사도신경
찬송 | 190, 191장
본문 말씀 | 요한복음 7장 37-39절

> 명절 끝날 곧 큰 날에 예수께서 서서 외쳐 이르시되 누구든지 목마르거든 내게로 와서 마시라 나를 믿는 자는 성경에 이름과 같이 그 배에서 생수의 강이 흘러나오리라 하시니 이는 그를 믿는 자들이 받을 성령을 가리켜 말씀하신 것이라 (예수께서 아직 영광을 받지 않으셨으므로 성령이 아직 그들에게 계시지 아니하시더라)

수많은 사람이 목마른 인생을 살아갑니다. 삶에 희망을 잃어버린 채 영혼의 갈급함을 채우기 위해 몸부림치면서 살아가고 있습니다. 그런 자들을 향해 주님은 "누구든지 목마르거든 내게로 와서 마시라."고 말씀하십니다. 절망에 처한 사람을 부르고 계신 것입니다.

'마시라' 는 표현은 '예수를 믿고 의지하라' 는 의미입니다. 즉 우리의 모든 죄를 사하시는 예수님의 피를 마시라는 뜻입니다. 예수님을 믿는 순간 그분의 보혈이 우리 영혼을 적십니다. 그 결과 모든 영적인 갈급함이 사라지는 것입니다.

그러므로 예수님을 믿을 때 참된 자유를 얻게 됩니다. 성령께서 역사하시기 때문입니다. 즉 성령 충만이 우리를 자유하게 하는 것입니다. 예수님을 믿는 순간 성령께서 우리와 함께하시면서 하나님이 기뻐하시는 삶으로 인도하십니다. 진리 가운데로 인도하시는 것입니다. 따라서 우리는 성령님을 환영

하고 인정하는 삶을 살아야 합니다.

나눔의 시간

아무리 노력해도 채워지지 않는 공허함을 느낀 적이 있습니까? 그런 마음에 대해 나눠 봅시다.

결단의 시간

예수님 안에 진정한 자유가 있습니다. 예수님을 믿고 성령 충만해야 영적인 갈급함이 해결됩니다. 이를 위해 믿음의 사람, 가정이 되기로 결단합시다.

함께하는 기도

하나님 아버지, 삶 속에서 진정한 평안과 만족을 누리기 원합니다. 성령으로 충만한 삶과 가정이 되기를 소망합니다. 성령 충만을 위해 더욱 기도하고 예배하며, 거룩할 수 있도록 인도해 주옵소서. 예수님의 이름으로 기도합니다. 아멘.

암송 말씀

> 나를 믿는 자는 성경에 이름과 같이 그 배에서 생수의 강이 흘러나오리라 하시니
> _요 7:38

주기도문

10월 9일

성령의 회복

신앙고백 | 사도신경

찬송 | 184, 195장

본문 말씀 | 사도행전 2장 16-21절

> 이는 곧 선지자 요엘을 통하여 말씀하신 것이니 일렀으되 하나님이 말씀하시기를 말세에 내가 내 영을 모든 육체에 부어 주리니 너희의 자녀들은 예언할 것이요 너희의 젊은이들은 환상을 보고 너희의 늙은이들은 꿈을 꾸리라 그 때에 내가 내 영을 내 남종과 여종들에게 부어 주리니 그들이 예언할 것이요 또 내가 위로 하늘에서는 기사를 아래로 땅에서는 징조를 베풀리니 곧 피와 불과 연기로다 주의 크고 영화로운 날이 이르기 전에 해가 변하여 어두워지고 달이 변하여 피가 되리라 누구든지 주의 이름을 부르는 자는 구원을 받으리라 하였느니라

　본문은 마지막 때 일어날 성령의 회복에 관한 말씀으로 하나님의 영이 모든 육체에게 부어질 것이라고 예언하고 있습니다. 성경에서 육체라는 표현은 두 가지로 쓰입니다. 첫째로는 soma 소마 라는 표현으로 일반적인 사람의 몸을 의미하고, 둘째로는 sarx 사르크스 라는 말인데 이는 육체적으로나 도덕적으로 연약한 인간을 지칭할 때 쓰입니다. 그런데 본문에서 성령이 부어지는 육체는 sarx 사르크스 입니다. 다시 말해 연약하고 부정한 사람에게 성령이 임한다는 것입니다.

　성령이 임하는 목적은 우리의 연약함을 돕기 위함입니다. "이와 같이 성령도 우리의 연약함을 도우시나니 우리는 마땅히 기도할 바를 알지 못하나 오직 성령이 말할 수 없는 탄식으로 우리를 위하여 친히 간구하시느니라" 롬 8:26.

이처럼 성령은 부족하고 연약한 우리를 돕기 위해서 오셨습니다. 예수님이 병자와 귀신 들린 자와 죄인을 찾아 구원하신 것처럼 마지막 때에 하나님은 부족하고 연약한 우리에게 성령의 기름을 부어 주실 것입니다. 그리하여 꿈과 비전을 가지고 이 마지막 때를 살아가도록 인도해 주실 것입니다.

나눔의 시간

무언가를 애타게 원했던 적이 있습니까? 그때의 간절함에 대해 나눠 봅시다.

결단의 시간

성령 충만을 사모하십니까? 우리 가정에 성령이 부어져야만 회복이 일어날 수 있음을 고백합시다. 그리고 성령 충만을 위해 거룩해지기로 결단합시다.

함께하는 기도

하나님 아버지, 우리 가정에 성령이 부어지기를 소망합니다. 성령 충만으로 마지막 때를 준비하는 가정이 되도록 인도해 주옵소서. 우리를 회복시키는 주님의 은혜를 경험할 수 있도록 역사해 주옵소서. 예수님의 이름으로 기도합니다. 아멘.

암송 말씀

하나님이 말씀하시기를 말세에 내가 내 영을 모든 육체에 부어 주리니 너희의 자녀들은 예언할 것이요 너희의 젊은이들은 환상을 보고 너희의 늙은이들은 꿈을 꾸리라 _행 2:17

주기도문

10월 10일

여호와 이레

신앙고백 | 사도신경
찬송 | 257, 269장
본문 말씀 | 창세기 22장 12-14절

> 사자가 이르시되 그 아이에게 네 손을 대지 말라 그에게 아무 일도 하지 말라 네가 네 아들 네 독자까지도 내게 아끼지 아니하였으니 내가 이제야 네가 하나님을 경외하는 줄을 아노라 아브라함이 눈을 들어 살펴본즉 한 숫양이 뒤에 있는데 뿔이 수풀에 걸려 있는지라 아브라함이 가서 그 숫양을 가져다가 아들을 대신하여 번제로 드렸더라 아브라함이 그 땅 이름을 여호와 이레라 하였으므로 오늘날까지 사람들이 이르기를 여호와의 산에서 준비되리라 하더라

　하나님이 지시한 산에 오른 아브라함은 제단을 만든 후 아들을 결박하고 칼을 들어 하나님의 명령대로 아들 이삭을 잡으려 했습니다. 그때 하나님의 사자가 나타나 "그 아이에게 손을 대지 말라"고 말하며 아브라함을 중지시키고는 "이제야 네가 하나님을 경외하는 줄을 아노라"고 말했습니다. 무슨 뜻입니까? '이제 너의 믿음이 시험을 통과했다. 너의 믿음은 합격이다' 라는 의미의 메시지입니다. 즉 하나님이 아브라함의 믿음을 이제야 인정하신 것입니다. 우리도 이와 같이 하나님으로부터 '네 신앙과 충성을 내가 알았노라'고 인정받을 수 있어야 합니다.

　아브라함의 순종과 결단의 결과로 하나님이 주신 복은 여호와 이레, 즉 하나님이 손수 예비해 주시는 복이었습니다. 하나님이 미리 번제로 드릴 숫양을 예비해 두셨기 때문에 아브라함은 그 양으로 번제를 드릴 수 있었습니다. 이와 같이 하나님은 우리의 일생 동안 필요한 모든 것을 예비해 놓으셨습니다. 그러나 예비하신 것을 주시기 전에 먼저 우리의 믿음과 순종을 보시는 것입니다. 우리의 삶을 위해 우리가 예비하면 모든 것이 항상 부족하고 문제가 있지만 주님이 예비하신 것은 항상 완전합니다. 주님은 사랑하는 백성을 위해 세세한 것까지도 준비하시고 우리의 길을 인도하십니다.

나눔의 시간

지금까지 받은 선물 중 가장 인상 깊었던 것은 무엇입니까? 여호와 이레의 복에 감사하는 마음을 나눠 봅시다.

결단의 시간

오늘 우리 가정이 믿음으로 순종해야 할 것은 무엇입니까? 여호와 이레의 축복을 믿고 순종하기로 결단합시다.

함께하는 기도

하나님 아버지, 우리가 아브라함과 같은 믿음을 갖기 원합니다. 주님 말씀에 무조건 순종함으로 여호와 이레의 복을 체험하게 하옵소서. 우리 가정이 주님의 승리와 축복을 경험할 수 있도록 인도해 주옵소서. 예수님의 이름으로 기도합니다. 아멘.

암송 말씀

> 아브라함이 그 땅 이름을 여호와 이레라 하였으므로 오늘날까지 사람들이 이르기를 여호와의 산에서 준비되리라 하더라 _창 22:14

주기도문

하나님의 약속 _ 부르심

10월 11일

여호와 샬롬

신앙고백 | 사도신경

찬송 | 524, 539장

본문 말씀 | 사사기 6장 23-26절

> 여호와께서 그에게 이르시되 너는 안심하라 두려워하지 말라 죽지 아니하리라 하시니라 기드온이 여호와를 위하여 거기서 제단을 쌓고 그것을 여호와 샬롬이라 하였더라 그것이 오늘까지 아비에셀 사람에게 속한 오브라에 있더라 그 날 밤에 여호와께서 기드온에게 이르시되 네 아버지에게 있는 수소 곧 칠 년 된 둘째 수소를 끌어 오고 네 아버지에게 있는 바알의 제단을 헐며 그 곁의 아세라 상을 찍고 또 이 산성 꼭대기에 네 하나님 여호와를 위하여 규례대로 한 제단을 쌓고 그 둘째 수소를 잡아 네가 찍은 아세라 나무로 번제를 드릴지니라 하시니라

기드온이라는 한 청년이 있었습니다. 이 청년은 자신의 인생을 저주스럽게 생각하면서 하루 하루를 살고 있었습니다. 온 나라가 미디안이라는 민족의 공격을 받아 엉망진창이었기 때문입니다. 수고해서 농사한 것을 모두 그들에게 갖다 바쳐야 했습니다. 이로 인해 백성의 삶은 가난에 지쳐 있었습니다. 게다가 이 청년은 므낫세라는 가장 보잘것없는 가난한 가문 출신이었습니다. 이렇게 절망적인 상황에서 어느 날 기드온은 자신의 인생을 저주하면서 포도주 틀에서 몰래 밀을 타작하고 있었습니다. 타작한 밀을 미디안 사람들에게 빼앗기지 않기 위해서였습니다.

이때 여호와의 사자가 기드온에게 나타나 말씀하셨습니다. "하나님이 너와 함께 계시므로 네가 나라를 구할 것이다." 처음에 의심하던 기드온은 예물로 제사를 드린 후에 확신을 얻게 되었습니다. 그는 하나님을 만난 기쁨으로 제단을 쌓은 곳을 '여호와 샬롬' 이라고 불렀습니다. '하나님의 평강'을 경험한 것입니다. 이후 그는 변화되어 하나님의 큰 역사로 백성을 구원하는 위대한 일꾼이 되었습니다. 기드온이 하나님을 만남으로 그의 삶이 새롭게 된 것처럼 우리도 우리의 삶을 새롭게 창조하기 원하시는 하나님을 만나야 합니다.

나눔의 시간

당신의 삶을 변화시킨 만남이 있습니까? 누구와의 만남이었습니까? 그 만남의 영향력에 대해 나눠 봅시다.

결단의 시간

하나님과 만나는 시간인 가정예배를 철저하게 지키기로 결단합시다. 더불어 예수님 중심으로 생활하는 가정이 되기로 결단합시다.

함께하는 기도

하나님 아버지, 우리 가정의 주인이 되어 주옵소서. 새 창조의 역사를 허락해 주옵소서. 여호와 샬롬의 은혜가 오늘 우리 가정 가운데 있기를 소망합니다. 예수님의 이름으로 기도합니다. 아멘.

암송 말씀

기드온이 여호와를 위하여 거기서 제단을 쌓고 그것을 여호와 샬롬이라 하였더라 그것이 오늘까지 아비에셀 사람에게 속한 오브라에 있더라 _삿 6:24

주기도문

10월 12일

승리

신앙고백 | 사도신경
찬송 | 350, 352장
본문 말씀 | 고린도전서 15장 55-57절

> 사망아 너의 승리가 어디 있느냐 사망아 네가 쏘는 것이 어디 있느냐 사망이 쏘는 것은 죄요 죄의 권능은 율법이라 우리 주 예수 그리스도로 말미암아 우리에게 승리를 주시는 하나님께 감사하노니

　주님을 섬길 때 순풍에 돛 단 배처럼 좋은 일만 있는 것은 아닙니다. 따뜻한 햇살이 비치며 봄바람이 부는 날이 있는가 하면, 매서운 추위가 몰아치는 날도 있습니다. 그러나 아무리 동장군이 심술을 부려도 봄이 오는 것처럼 우리에게 다가오는 시련이 아무리 크고 오랫동안 지속된다 할지라도 희망의 봄은 오게 마련입니다. 시련의 겨울은 우리를 묶어 놓지 못합니다. 겨울이 지나면 봄이 오듯이 시험을 통과한 후에는 하나님의 축복과 은혜와 기적이 찾아옵니다.

　사도 바울도 많은 시험과 고난을 당했습니다. 복음을 전하는 곳마다 유대인들이 따라 다니며 그를 죽이려 했기 때문입니다. 그러나 그는 모든 것을 참고 인내하면서 오직 주님만을 섬겼습니다. 주님께서 약속하신 승리를 확신했기 때문입니다.

　이처럼 예수님을 믿는 우리도 힘들고 어렵다고 해서 포기하면 안 됩니다. 오직 주님만을 바라보고 인내하면 하나님이 하나님의 때에 은혜와 축복과 기적을 허락하십니다. 시험을 참고 견디며 승리하는 삶을 살아가시기 바랍니다.

나눔의 시간

포기했던 것 중에서 후회가 남는 일이 있습니까? 포기했던 것은 무엇입니까? 그것을 포기하지 않았다면 어떤 일이 일어났을 것 같습니까? 각자의 마음을 나눠 봅시다.

결단의 시간

혹시 지금 시험이나 고난 같은 외부적인 상황으로 인해 포기하려고 하는 일이 있습니까? 이 시간 하나님이 우리에게 승리를 주실 것을 믿음으로 선포하면서 주님의 약속을 믿고 끝까지 헌신하기로 결단합시다.

함께하는 기도

하나님 아버지, 시험을 참고 견디어 승리하게 하여 주옵소서. 오직 예수님만 바라보며 십자가를 붙잡고 믿음으로 전진, 또 전진해서 하나님의 영광을 나타내게 하여 주옵소서. 예수님의 이름으로 기도합니다. 아멘.

암송 말씀

우리 주 예수 그리스도로 말미암아 우리에게 승리를 주시는 하나님께 감사하노니
_고전 15:57

주기도문

10월 13일

천국 백성의 유산

신앙고백 | 사도신경
찬송 | 390, 435장
본문 말씀 | 사도행전 20장 32절

> 지금 내가 여러분을 주와 및 그 은혜의 말씀에 부탁하노니 그 말씀이 여러분을 능히 든든히 세우사 거룩하게 하심을 입은 모든 자 가운데 기업이 있게 하시리라

　<u>말씀을 따라 살 때</u> '기업', 즉 천국 백성으로서 받아 누려야 할 '유산'을 얻을 수 있습니다. 하나님의 모든 축복이 말씀 속에 담겨 있기 때문입니다.
　하나님의 말씀은 살아 있는 능력의 말씀이며 기적의 말씀이고 축복의 말씀입니다. 히브리서 4장 12절은 "하나님의 말씀은 살아 있고 활력이 있어 좌우에 날선 어떤 검보다도 예리하여 혼과 영과 및 관절과 골수를 찔러 쪼개기까지 하며 또 마음의 생각과 뜻을 판단하나니"라고 말씀합니다. 또 디모데후서 3장 16~17절에는 "모든 성경은 하나님의 감동으로 된 것으로 교훈과 책망과 바르게 함과 의로 교육하기에 유익하니 이는 하나님의 사람으로 온전하게 하며 모든 선한 일을 행할 능력을 갖추게 하려 함이라"고 기록되어 있습니다. 이처럼 하나님의 말씀은 우리의 잘못을 바로잡고 선한 일을 행하도록 이끌어 줍니다.
　그러므로 성경에는 돈으로 환산할 수 없는 놀라운 축복과 은혜가 있습니다. 천국 백성이 누릴 영원한 유산이 그 안에 담겨져 있기 때문입니다. 말씀을 가까이 하고 지켜 행하므로 천국 백성의 영원한 '기업'을 소유하게 되시기를 소망합니다.

🌱 나눔의 시간

부모로서 자녀에게 어떤 유산을 물려주고 싶습니까? 자녀로서 부모에게서 어떤 유산을 물려받고 싶습니까? 각자의 마음을 나눠 봅시다.

🌱 결단의 시간

성경은 하나님나라를 상속받게 하는 중요한 문서입니다. 그 안에 놀라운 축복과 은혜가 담겨 있습니다. 하나님의 말씀을 가까이 하며 지켜 행하기 위해 우리에게 필요한 것은 무엇입니까?

🌱 함께하는 기도

하나님 아버지, 주님께서 우리에게 허락하실 기업을 소유하기 원합니다. 천국 백성으로서 누려야 할 하나님나라의 은총을 경험하기 원합니다. 이를 위해 우리에게 주신 말씀을 소중히 여기고 가까이하며, 지켜 행하는 믿음의 가정이 되도록 인도해 주옵소서. 예수님의 이름으로 기도합니다. 아멘

🌱 암송 말씀

> 지금 내가 여러분을 주와 및 그 은혜의 말씀에 부탁하노니 그 말씀이 여러분을 능히 든든히 세우사 거룩하게 하심을 입은 모든 자 가운데 기업이 있게 하시리라 _행 20:32

🌱 주기도문

10월 14일

우리의 관심

신앙고백 | 사도신경
찬송 | 523, 524장
본문 말씀 | 고린도후서 4장 16-18절

> 그러므로 우리가 낙심하지 아니하노니 우리의 겉사람은 낡아지나 우리의 속사람은 날로 새로워지도다 우리가 잠시 받는 환난의 경한 것이 지극히 크고 영원한 영광의 중한 것을 우리에게 이루게 함이니 우리가 주목하는 것은 보이는 것이 아니요 보이지 않는 것이니 보이는 것은 잠깐이요 보이지 않는 것은 영원함이라

본문에서 '주목하다'라는 말은 '관심을 가지고 눈길을 돌리는 것'을 의미합니다. 우리는 보이는 것, 즉 잠시 있다가 사라지는 것에 주목할 때가 많습니다. 그러나 중요한 것은 물질세계가 아니라 보이지 않는 영원한 세계에 있습니다. 그러므로 우리는 영원한 소망을 하늘나라에 두어야 할 것입니다.

만일 우리가 눈에 보이는 것에만 목표를 두고 산다면 그것이 사라질 때 크게 절망할 것입니다. 반면 새 하늘, 새 땅을 소망 중에 바라보며 믿음으로 사는 그리스도인은 그 소망이 날마다 새롭게 느껴질 것입니다. 수많은 믿음의 선배가 순교를 당하면서도 기쁘게 세상을 떠난 이유는 이 소망 때문입니다.

'이 몸의 소망 무언가 우리 주 예수뿐일세' 우리도 이렇게 찬송을 부르며 오직 주님만을 바라는 소망을 가져야 합니다. 그럴 때 환난을 극복하고 나아가 장차 주님께 '착하고 충성된 종'이라는 칭찬을 받는 삶과 가정이 될 것입니다.

나눔의 시간

최근 시간과 물질을 가장 많이 쏟은 일은 무엇입니까? 그것이 삶에 어떤 유익을 주었는지 나눠 봅시다.

결단의 시간

삶에서 하나님보다 더 중요하게 여겼던 것이 있는지 돌아봅시다. 모든 우상을 내려놓고 하늘에 소망을 두고 살아가기로 결단합시다.

함께하는 기도

하나님 아버지, 우리의 관심이 오직 예수 그리스도 한 분께 집중되기를 소망합니다. 눈에 보이는 것에 현혹되지 않도록 우리의 마음을 붙잡아 주옵소서. 예수님의 이름으로 기도합니다. 아멘.

암송 말씀

> 우리가 주목하는 것은 보이는 것이 아니요 보이지 않는 것이니 보이는 것은 잠깐이요 보이지 않는 것은 영원함이라 _고후 4:18

주기도문

하나님의 약속 _ 부르심

10월 15일

하나님의 뜻

신앙고백 | 사도신경

찬송 | 338, 341장

본문 말씀 | 빌립보서 2장 12-16절

> 그러므로 나의 사랑하는 자들아 너희가 나 있을 때뿐 아니라 더욱 지금 나 없을 때에도 항상 복종하여 두렵고 떨림으로 너희 구원을 이루라 너희 안에서 행하시는 이는 하나님이시니 자기의 기쁘신 뜻을 위하여 너희에게 소원을 두고 행하게 하시나니 모든 일을 원망과 시비가 없이 하라 이는 너희가 흠이 없고 순전하여 어그러지고 거스르는 세대 가운데서 하나님의 흠 없는 자녀로 세상에서 그들 가운데 빛들로 나타내며 생명의 말씀을 밝혀 나의 달음질이 헛되지 아니하고 수고도 헛되지 아니함으로 그리스도의 날에 내가 자랑할 것이 있게 하려 함이라

우리는 우리의 인생을 향한 하나님의 뜻을 알아야 합니다. 더불어 자신의 소원을 놓고 간절히 기도해야 합니다. 오늘 본문에서는 우리 안에서 행하시는 분이 하나님이시라고 했습니다. 또한 하나님은 그분의 기쁘신 뜻을 위해 우리 안에 소원을 두고 행하신다고 했습니다. 다시 말해 하나님에게 간절히 기도하면 하나님은 우리에게 당신의 뜻을 알려 주십니다. 더불어 기도할 때 하나님은 우리 마음에 하나님의 소원을 심으십니다. 하나님에게 귀하게 쓰임 받았던 위대한 일꾼은 모두 하나님의 뜻을 마음에 품었던 사람이었습니다.

하나님은 우리에게 소원을 주실 뿐 아니라 그 일을 행할 수 있는 힘도 주십니다. 한나는 아이를 낳지 못하는 여인이었기 때문에 모진 서러움을 겪어야 했습니다. 남편에게 많은 사랑을 받았지만 슬픔을 숨길 수 없었습니다. 그런

한나가 성전에 나가 기도할 때 그 기도는 더욱 간절해지고 뜨거워졌습니다. 오랜 기도는 술 취한 사람이 입술을 움직이는 것처럼 보일 정도였습니다 삼상 1:13. 이러한 한나의 기도를 통해 하나님의 뜻이 성취되었습니다. 한나는 기도로 하나님의 뜻에 따라 사무엘이라는 믿음의 아들을 선물로 받았습니다.

나눔의 시간

최근 마음의 소원은 무엇입니까? 그것은 하나님으로부터 온 것입니까? 아니면 세속적인 것입니까? 우리의 마음을 돌아보고 나눠 봅시다.

결단의 시간

하나님의 뜻을 분별하기 위해 말씀을 묵상하기로 결단합시다. 또한 기도를 통해 소원을 이루도록 이끄시는 하나님의 능력을 경험하도록 기도합시다.

함께하는 기도

하나님 아버지, 주님의 뜻을 알기 원합니다. 하나님의 뜻을 마음의 소원으로 품게 되기를 원합니다. 또한 그 소원이 주님의 능력으로 이루어지기를 소망합니다. 오늘도 주의 풍성한 은혜로 함께하여 주옵소서. 예수님의 이름으로 기도합니다. 아멘.

암송 말씀

> 너희 안에서 행하시는 이는 하나님이시니 자기의 기쁘신 뜻을 위하여 너희에게 소원을 두고 행하게 하시나니 _빌 2:13

주기도문

10월 16일

위대한 꿈

신앙고백 | 사도신경
찬송 | 347, 351장
본문 말씀 | 여호수아 1장 7-9절

> 오직 강하고 극히 담대하여 나의 종 모세가 네게 명령한 그 율법을 다 지켜 행하고 우로나 좌로나 치우치지 말라 그리하면 어디로 가든지 형통하리니 이 율법책을 네 입에서 떠나지 말게 하며 주야로 그것을 묵상하여 그 안에 기록된 대로 다 지켜 행하라 그리하면 네 길이 평탄하게 될 것이며 네가 형통하리라 내가 네게 명령한 것이 아니냐 강하고 담대하라 두려워하지 말며 놀라지 말라 네가 어디로 가든지 네 하나님 여호와가 너와 함께 하느니라 하시니라

　여호수아는 가나안 정복이라는 위대한 꿈을 품었습니다. 그의 꿈은 하나님의 말씀으로부터 왔습니다. "너는 이 모든 백성과 더불어 일어나 이 요단을 건너 내가 그들 곧 이스라엘 자손에게 주는 그 땅으로 가라. 내가 모세에게 말한 바와 같이 너희 발바닥으로 밟는 곳은 모두 내가 너희에게 주었노니수 1:2,3." 여호수아는 하나님이 자신을 통해 이스라엘 백성을 가나안 땅으로 인도하실 것이라는 꿈을 품었으며 결국 그 꿈을 이루었습니다. 이렇듯 꿈은 하나님의 말씀으로부터 옵니다.

　성경에는 수만 가지의 약속이 있습니다. 영혼이 잘됨같이 범사가 잘되고 강건한 복을 주시려는 복된 약속으로 가득합니다. 개인을 위한 약속도 있고, 민족을 위한 약속도 있습니다. 이 약속들이 나의 것이 되기 위해서는 하나님을 간절히 사모해야 합니다. 하나님이 나에게 무어라고 말씀하시는지 귀를 기울여야 합니다. 이를 위해 하나님의 말씀을 부지런히 듣고, 읽고, 묵상해야 합니다. 그래서 하나님이 여호수아에게 율법책을 입에서 떠나지 말게 하고 그것을 주야로 묵상하라고 말씀하신 것입니다.

나눔의 시간

어떤 꿈과 소망을 가지고 살아갑니까? 각자가 그 꿈을 위해 어떤 노력을 하고 있는지 나눠 봅시다.

결단의 시간

성경을 가까이 하는 것이 하나님의 약속을 성취하는 길입니다. 매일 가정 예배와 함께 정해진 분량의 성경을 읽기로 결단합시다.

함께하는 기도

하나님 아버지, 여호수아처럼 위대한 꿈을 가진 사람, 하나님의 약속을 성취하는 사람이 되기를 소망합니다. 꿈을 이루기 위해 말씀을 가까이하는 영혼, 가정이 되기를 소망합니다. 예수님의 이름으로 기도합니다. 아멘.

암송 말씀

이 율법책을 네 입에서 떠나지 말게 하며 주야로 그것을 묵상하여 그 안에 기록된 대로 다 지켜 행하라 그리하면 네 길이 평탄하게 될 것이며 네가 형통하리라 _수 1:8

주기도문

10월 17일

하나님의 약속 _ 부르심

거룩한 꿈

신앙고백 | 사도신경
찬송 | 472, 478장
본문 말씀 | 잠언 10장 27-29절

> 여호와를 경외하면 장수하느니라 그러나 악인의 수명은 짧아지느니라 의인의 소망은 즐거움을 이루어도 악인의 소망은 끊어지느니라 여호와의 도가 정직한 자에게는 산성이요 행악하는 자에게는 멸망이니라

　주님께서 기뻐하시는 거룩한 꿈과 나의 이기적인 야망은 다릅니다. 나의 야망 속에는 나를 위한 탐욕이 숨어 있습니다. 그 동기가 주님의 영광을 위한 것이 아니라 나의 욕심을 채우기 위한 것이라는 말입니다. 만약 주님의 영광을 나타내고자 한다면 무슨 일을 하든지 주님을 사랑하는 마음으로 하기 때문에 주위 사람을 배려하고 섬깁니다. 그러나 내 야망으로 일을 하면 내가 잘되고 싶은 욕심으로 인해 남을 배려하기는커녕 도리어 짓밟고 무너뜨립니다. 오직 성공만을 위해 달려가면서 주위 사람을 돌아보지 않는 것입니다. 다른 사람이 잘되길 바라는 마음보다 잘못되길 바라는 마음을 가지게 되기도 합니다. 그러나 야망을 가진 사람이 처음에는 성공하는 것처럼 보이지만 결국엔 큰 낭패를 당하게 마련입니다.

　하나님이 주시는 거룩한 꿈과 자신의 야망을 혼동하지 마십시오. 야망을 내려놓고, 하나님의 마음에 합한 거룩한 꿈을 품으며 하나님의 영광을 위해 헌신하게 되기를 바랍니다. 하나님에게 온전히 헌신하는 사람은 거룩한 꿈을 꾸는 사람입니다. 예수 그리스도의 복음으로 거듭난 사람이라면 마땅히 거룩한 꿈을 꾸어야 합니다.

나눔의 시간

가정을 위한 일 또는 공동체를 위한 일이라고 말하면서도 실제로는 자신을 위한 일을 했던 적은 없습니까? 자신의 욕심 때문에 누군가에게 상처를 준 적은 없습니까? 자신의 야망을 하나님의 꿈이라고 착각했던 적이 있다면 나눠 봅시다.

결단의 시간

가정, 교회, 직장 그리고 삶의 터전이 사랑이 넘치는 공동체가 되기 위해서 내가 할 수 있는 일은 무엇입니까? 하나님의 영광을 위해 지금 내가 해야 할 일은 무엇인지 생각해 보고 결단하는 시간을 가집시다.

함께하는 기도

하나님 아버지, 거룩한 꿈과 이기적인 야망을 혼동했던 모습을 회개합니다. 하나님의 영광을 위해서가 아닌 내 야망을 위해 누군가에게 희생을 강요했거나 남을 배려하지 못했던 어리석음이 있었다면 용서해 주옵소서. 이제부터라도 온전히 하나님의 영광을 위해 헌신할 수 있도록 역사해 주옵소서. 예수님의 이름으로 기도합니다. 아멘.

암송 말씀

의인의 소망은 즐거움을 이루어도 악인의 소망은 끊어지느니라 _잠언 10:28

주기도문

10월 18일

야곱에서 이스라엘로

하나님의 약속 _ 부르심

신앙고백 | 사도신경
찬송 | 304, 305장
본문 말씀 | 창세기 32장 22-28절

> 밤에 일어나 두 아내와 두 여종과 열한 아들을 인도하여 얍복 나루를 건널새 그들을 인도하여 시내를 건너가게 하며 그의 소유도 건너가게 하고 야곱은 홀로 남았더니 어떤 사람이 날이 새도록 야곱과 씨름하다가 자기가 야곱을 이기지 못함을 보고 그가 야곱의 허벅지 관절을 치매 야곱의 허벅지 관절이 그 사람과 씨름할 때에 어긋났더라 그가 이르되 날이 새려하니 나로 가게 하라 야곱이 이르되 당신이 내게 축복하지 아니하면 가게 하지 아니하겠나이다 그 사람이 그에게 이르되 네 이름이 무엇이냐 그가 이르되 야곱이니이다 그가 이르되 네 이름을 다시는 야곱이라 부를 것이 아니요 이스라엘이라 부를 것이니 이는 네가 하나님과 및 사람들과 겨루어 이겼음이니라

얍복 나루에서 에서의 복수로부터 보호해 달라고 기도하는 야곱에게 하나님은 "네 이름을 다시는 야곱이라 부르지 말라"고 말씀하셨습니다. 야곱은 '속이는 자' 또는 '남의 것을 빼앗는 자'라는 뜻입니다. 한마디로 사기꾼입니다. 그러므로 하나님이 야곱의 이름을 바꾸어 주신 것은 이제 다른 사람의 발을 걸어 넘어뜨리며 빼앗고 도망치는 삶을 청산하라는 뜻이었습니다.

하나님은 야곱에게 이스라엘이라는 새로운 이름을 주셨습니다. 이스라엘이란 '하나님과 겨루어 이겼다' 또는 '하나님이 다스리신다' 라는 의미로 이제부터는 하나님을 붙잡고 죄인의 삶에서 하나님의 거룩한 백성의 삶으로 방향을 전환하라는 뜻입니다.

삶의 방향이 나 중심에서 하나님 중심으로 바뀌면 하나님이 그 삶을 인도하시며 축복해 주십니다. 야곱이 이스라엘이라는 이름을 얻은 후 제일 먼저 받은 축복은 에서와의 화해입니다. 평생 야곱에 대한 복수만을 꿈꿔왔던 에서의 마음을 하나님이 녹여 주신 것입니다. 야곱이 변화된 모습으로 다리를 절며 에서에게 나아갔을 때 에서는 동생을 용서했습니다. 그리고 그 용서는 둘의 관계를 회복시켰습니다.

나눔의 시간

가족 간의 불화로 괴로웠던 적이 있습니까? 관계의 회복을 위해 어떻게 기도했는지 나눠 봅시다.

결단의 시간

회개는 삶의 방향을 하나님에게로 전환하는 것입니다. 모든 죄를 고백함으로 죄에서 벗어나기로 결단합시다. 우리를 야곱이 아닌 이스라엘이라 부르시는 주님께 순종합시다.

함께하는 기도

하나님 아버지, 우리는 모두 야곱과 같이 남을 속이며 짓밟고 올라섰던 사람입니다. 그러나 이 시간 깨어지고 낮아져서 이스라엘로 변화되기 원합니다. 하나님이 다스리시는 사람, 가정이 되기를 소망합니다. 예수님의 이름으로 기도합니다. 아멘.

암송 말씀

> 그가 이르되 네 이름을 다시는 야곱이라 부를 것이 아니요 이스라엘이라 부를 것이니 이는 네가 하나님과 및 사람들과 겨루어 이겼음이니라 _창 32:28

주기도문

10월 19일

실로암

신앙고백 | 사도신경
찬송 | 310, 524장
본문 말씀 | 요한복음 9장 3-7절

> 예수께서 대답하시되 이 사람이나 그 부모의 죄로 인한 것이 아니라 그에게서 하나님이 하시는 일을 나타내고자 하심이라 때가 아직 낮이매 나를 보내신 이의 일을 우리가 하여야 하리라 밤이 오리니 그 때는 아무도 일할 수 없느니라 내가 세상에 있는 동안에는 세상의 빛이로라 이 말씀을 하시고 땅에 침을 뱉어 진흙을 이겨 그의 눈에 바르시고 이르시되 실로암 못에 가서 씻으라 하시니 (실로암은 번역하면 보냄을 받았다는 뜻이라) 이에 가서 씻고 밝은 눈으로 왔더라

실로암은 예루살렘에 언제나 신선한 물을 제공하는 연못입니다. 예수님은 맹인에게 이 연못에 가서 씻으라고 말씀하셨습니다. 실로암은 치료자 되시는 예수 그리스도를 상징하기 때문입니다. 예수님이 치료자이십니다. 주님께 용서와 구원과 문제 해결이 있습니다.

예수님은 우리를 치료하기 위해 십자가에서 대못에 박히셨고 고통을 당하셨으며 보혈을 흘리셨습니다. 그 피로 우리를 살리신 것입니다. 나면서부터 맹인이었던 이 사람에 대해 성경은 "이에 가서 씻고 밝은 눈으로 왔더라."고 기록하고 있습니다. 예수님의 은혜로 어두움이 빛으로 변하여 새로운 희망이 된 것입니다.

나면서부터 죄인인 우리도 예수 그리스도를 만나면 구원을 얻게 될 뿐만 아니라 삶의 문제가 해결됩니다. 예수님이 모든 문제의 해결자가 되시기 때문입니다. 오늘 우리를 실로암으로 부르시는 예수님의 음성에 순종하기 원합니다. 우리에게 '밝은 눈'을 주시는 주님의 은혜를 경험하게 되기를 소망합니다.

나눔의 시간

앞이 캄캄할 정도의 절망을 느껴 본 적이 있습니까? 그 절망을 어떻게 극복했습니까? 각자의 간증을 나눠 봅시다.

결단의 시간

영적인 실로암인 가정예배를 통해 우리에게 밝은 눈을 허락하실 주님을 기대합시다. 가정예배를 통해 삶의 문제가 해결될 것을 믿고 함께 기도하기로 결단합시다.

함께하는 기도

하나님 아버지, 우리를 실로암으로 부르시는 주님의 음성을 듣기 원합니다. 우리 가정의 영적 실로암인 가정예배를 지킬 수 있도록 인도해 주옵소서. 우리 가정이 하나님의 은혜로 회복될 수 있도록 역사해 주옵소서. 예수님의 이름으로 기도합니다. 아멘.

암송 말씀

내가 세상에 있는 동안에는 세상의 빛이로라 _요 9:5

주기도문

10월 20일

떠나라!

신앙고백 | 사도신경

찬송 | 445, 453장

본문 말씀 | 창세기 12장 1-3절

> 여호와께서 아브람에게 이르시되 너는 너의 고향과 친척과 아버지의 집을 떠나 내가 네게 보여 줄 땅으로 가라 내가 너로 큰 민족을 이루고 네게 복을 주어 네 이름을 창대하게 하리니 너는 복이 될지라 너를 축복하는 자에게는 내가 복을 내리고 너를 저주하는 자에게는 내가 저주하리니 땅의 모든 족속이 너로 말미암아 복을 얻을 것이라 하신지라

　　아브라함은 주전 17-18세기에 메소포타미아 지역의 우르에서 살았습니다. 이 지역 사람들은 달의 신을 섬기면서 우상을 만들어 파는 일을 주로 했습니다. 따라서 아브라함의 아버지를 비롯한 이 지역의 사람들에게 우상은 생업과 관련된, 없어서는 안 되는 존재였습니다. 하나님을 섬길 수 없는 우상의 땅, 죄악의 땅이 바로 아브라함의 고향이었던 것입니다. 그렇기 때문에 하나님은 아브라함에게 고향과 친척과 아버지의 집을 떠나라고 명령하셨습니다. 죄로부터 떠나야 하나님이 주실 약속의 땅을 얻을 수 있기 때문입니다.

　　히브리서 기자는 이에 대해 이렇게 말합니다. "믿음으로 아브라함은 부르심을 받았을 때에 순종하여 장래의 유업으로 받을 땅에 나아갈새 갈 바를 알지 못하고 나아갔으며" 히 11:8. 아브라함이 믿음으로 순종했기 때문에 하나님이 약속하신 땅으로 나아갈 수 있었다는 것입니다. 또한 아브라함은 죄악된 땅을 떠나 하나님이 말씀하신 곳으로 나아갔기에 복의 근원이 될 수 있었습니다. 이처럼 죄로부터 우리를 구별하여 거룩하게 하는 것이 삶을 복되게 하는 것입니다. 죄악된 땅에서 떠나라는 하나님의 명령에 순종함으로 하나님의 약속을 성취하는 삶과 가정이 되기를 소망합니다.

나눔의 시간

혹시 예배를 드릴 때마다 마음에 걸리는 죄가 있습니까? 그 죄가 은혜를 받지 못하도록 방해하는 힘이 얼마나 크고 무서운지 나눠 봅시다.

결단의 시간

하나님의 사람과 하나님의 가정은 거룩해야 합니다. 하나님 앞에서 거룩하지 못했던 우리의 삶을 회개하면서 죄로부터 떠나기로 결단합시다.

함께하는 기도

하나님 아버지, 우리 가정이 복된 가정이 되기를 소망합니다. 거룩한 가정이 되도록 인도해 주옵소서. 약속의 땅을 믿음으로 성취하도록 은혜를 내려 주옵소서. 예수님의 이름으로 기도합니다. 아멘.

암송 말씀

> 여호와께서 아브람에게 이르시되 너는 너의 고향과 친척과 아버지의 집을 떠나 내가 네게 보여 줄 땅으로 가라 _창 12:1

주기도문

10월 21일

하나님의 약속 _ 부르심

왕 같은 제사장

신앙고백 | 사도신경
찬송 | 284, 288장
본문 말씀 | 예레미야 1장 5-9절

> 내가 너를 모태에 짓기 전에 너를 알았고 네가 배에서 나오기 전에 너를 성별하였고 너를 여러 나라의 선지자로 세웠노라 하시기로 내가 이르되 슬프도소이다 주 여호와여 보소서 나는 아이라 말할 줄을 알지 못하나이다 하니 여호와께서 내게 이르시되 너는 아이라 말하지 말고 내가 너를 누구에게 보내든지 너는 가며 내가 네게 무엇을 명령하든지 너는 말할지니라 너는 그들 때문에 두려워하지 말라 내가 너와 함께 하여 너를 구원하리라 나 여호와의 말이니라 하시고 여호와께서 그의 손을 내밀어 내 입에 대시며 여호와께서 내게 이르시되 보라 내가 내 말을 네 입에 두었노라

인생의 목적이 무엇인지는 삶에서 가장 중요한 문제입니다. 인생의 목적이 일생을 좌우하기 때문입니다. 특별히 하나님의 자녀는 하나님의 계획이 그의 삶 속에서 이루어지도록 해야 합니다. 본문은 하나님이 예레미야를 부르시는 장면입니다. 이처럼 하나님의 자녀는 자신을 부르시는 하나님의 음성을 들을 수 있어야 합니다. 하나님은 성령님의 거룩함과 예수님의 피 뿌림을 얻게 하기 위해 우리를 부르셨습니다. 우리를 죄악된 세상에서 구별하여 거룩하게 만들기 원하시기 때문입니다. 거룩이란 분리를 의미합니다. 하나님은 세상의 헛된 모든 것으로부터 분리되어 하나님을 닮아가도록 우리를 부르셨습니다.

또한 하나님은 예수 그리스도의 피로 하나님의 자녀된 우리를 성령으로 기름 부어 왕 같은 제사장이자 선지자로 세우셨습니다. 주 안에서 우리의 존재를 완전히 변화시키신 것입니다. 다시 말해 하나님은 당신의 뜻을 이루기 위해 우리를 부르셔서 구별하셨습니다. 그러므로 그리스도인은 주님의 계획에 따라 거룩하고 순결한 제사장이 되어야 합니다.

나눔의 시간

삶의 목적이 무엇입니까? 그 목적을 달성하기 위해 어떤 투자를 하고 있는지 나눠 봅시다.

결단의 시간

주님 앞에서 왕 같은 제사장답게 예배하고 있습니까? 거룩한 선지자처럼 복음을 증거하고 있습니까? 주님의 부르심에 합당한 삶과 가정이 되기로 결단합시다.

함께하는 기도

하나님 아버지, 우리를 왕 같은 제사장이자 선지자로 불러 주셔서 감사합니다. 주님께서 기름 부어 주신 목적을 따라 사는 삶과 가정이 될 수 있도록 인도해 주옵소서. 예수님의 이름으로 기도합니다. 아멘.

암송 말씀

> 여호와께서 그의 손을 내밀어 내 입에 대시며 여호와께서 내게 이르시되 보라 내가 내 말을 네 입에 두었노라 _렘 1:9

주기도문

10월 22일

하나님의 약속 _ 부르심

와서 우리를 도우라!

신앙고백 | 사도신경
찬송 | 496, 502장
본문 말씀 | 사도행전 16장 10-14절

> 바울이 그 환상을 보았을 때 우리가 곧 마게도냐로 떠나기를 힘쓰니 이는 하나님이 저 사람들에게 복음을 전하라고 우리를 부르신 줄로 인정함이러라 우리가 드로아에서 배로 떠나 사모드라게로 직행하여 이튿날 네압볼리로 가고 거기서 빌립보에 이르니 이는 마게도냐 지방의 첫 성이요 또 로마의 식민지라 이 성에서 수일을 유하다가 안식일에 우리가 기도할 곳이 있을까 하여 문 밖 강가에 나가 거기 앉아서 모인 여자들에게 말하는데 두아디라 시에 있는 자색 옷감 장사로서 하나님을 섬기는 루디아라 하는 한 여자가 말을 듣고 있을 때 주께서 그 마음을 열어 바울의 말을 따르게 하신지라

　바울과 실라는 마게도냐로 건너오라는 환상을 보았을 때, 어디서 무슨 일이 일어날지 전혀 몰랐지만 무조건 순종했습니다. 이렇게 성령의 인도하심에 따라 드로아에서 배를 타고 직행하여 마게도냐의 첫 성인 빌립보에 이르게 되었습니다. 그리고 그곳에서 복음을 전할 때 성령께서 루디아의 마음을 열어 주심으로 유럽 전도의 길이 열리게 되었습니다. 그 후 바울은 계속해서 복음을 전하다가 감옥에 갇히게 되었는데 하나님의 기적으로 그곳에서도 간수장과 온 가족을 주님께로 인도할 수 있었습니다. 이 모든 역사는 바울이 철저하게 성령의 인도하심을 따랐기 때문에 가능했습니다.

　이처럼 하나님이 분명하게 할 일을 가르쳐 주셨다면 결코 지체해서는 안 됩니다. 하나님의 뜻을 깨닫고 난 후에는 믿음으로 전진해야 합니다. 기쁨과 확신을 가지고 순종하며 나아갈 때 주님의 역사를 경험하게 될 것입니다.

나눔의 시간

게으름 때문에 문제가 생긴 적이 있습니까? 그때의 마음과 생각을 나눠 봅시다.

결단의 시간

순종이 제사보다 낫습니다. 특별히 가정 안에서 믿음으로 순종해야 할 부분이 있다면 순종하기로 결단합시다.

함께하는 기도

하나님 아버지, 순종하는 삶과 가정이 되기를 소망합니다. 하나님의 뜻을 위해 게으르지 않고 즉각적으로 순종하도록 인도해 주옵소서. 예수님의 이름으로 기도합니다. 아멘.

암송 말씀

> 두아디라 시에 있는 자색 옷감 장사로서 하나님을 섬기는 루디아라 하는 한 여자가 말을 듣고 있을 때 주께서 그 마음을 열어 바울의 말을 따르게 하신지라 _행 16:14

주기도문

10월 23일

하나님의 약속 _ 부르심

신을 벗으라

신앙고백 | 사도신경
찬송 | 505, 510장
본문 말씀 | 출애굽기 3장 3-5절

> 이에 모세가 이르되 내가 돌이켜 가서 이 큰 광경을 보리라 떨기나무가 어찌하여 타지 아니하는고 하니 그 때에 여호와께서 그가 보려고 돌이켜 오는 것을 보신지라 하나님이 떨기나무 가운데서 그를 불러 이르시되 모세야 모세야 하시매 그가 이르되 내가 여기 있나이다 하나님이 이르시되 이리로 가까이 오지 말라 네가 선 곳은 거룩한 땅이니 네 발에서 신을 벗으라

모세는 광야에서 40년 동안 자포자기의 삶을 살았습니다. 인생의 모든 꿈이 사라진 것처럼 무기력하게 살고 있었습니다. 그때 하나님이 그를 불러 사명을 주셨습니다. 사명을 주시면서 하나님이 제일 먼저 하신 말씀은 "신을 벗으라."는 명령이었습니다. 신을 벗는다는 것은 죄를 회개한다는 것을 의미합니다. 즉 옛 사람의 모습을 벗어 버린다는 뜻입니다. 삶의 방향을 완전히 바꿔 하나님에게 헌신하는 새로운 삶을 시작하겠다는 의미인 것입니다.

이처럼 주님은 우리가 연약하고 부족할 때 우리를 구원해 주십니다. 더불어 주님을 위해 일하도록 사명을 허락해 주십니다. 그러나 그 사명을 감당하기 위해 우리는 먼저 주님 앞에서 회개함으로 모든 불신앙의 신을 벗어 버려야 합니다. 옛 사람의 신인 고집과 교만의 신, 불순종의 신, 이기주의의 신, 탐욕, 음란, 방탕의 신을 벗어야 하는 것입니다. 신을 벗고 주님 앞에 엎드릴 때, 모세를 민족의 지도자로 세우셨던 주님의 음성이 우리에게도 들릴 것이며 놀라운 하나님의 은혜를 경험하게 될 것입니다.

나눔의 시간

불손한 태도로 부모님의 마음을 아프게 한 적이 있습니까? 자녀에게 사랑과 관용을 베풀지 못해 후회한 적이 있습니까? 이 시간 그 마음을 나눠 봅시다.

결단의 시간

오늘 가정 안에서 변화되어야 할 삶의 태도는 무엇입니까? 겸손한 마음으로 사랑을 나타내는 삶이 되도록 결단합시다.

함께하는 기도

하나님 아버지, 이 시간에 우리 가정의 회복을 위해서 신을 벗기 원합니다. 겸손하고 온유한 주님의 마음으로 변화되는 복된 가정이 될 수 있도록 인도해 주옵소서. 예수님의 이름으로 기도합니다. 아멘.

암송 말씀

하나님이 이르시되 이리로 가까이 오지 말라 네가 선 곳은 거룩한 땅이니 네 발에서 신을 벗으라 _ 출 3:5

주기도문

10월 24일

재림을 준비하라!

신앙고백 | 사도신경
찬송 | 175, 180장
본문 말씀 | 베드로전서 4장 7-11절

> 만물의 마지막이 가까이 왔으니 그러므로 너희는 정신을 차리고 근신하여 기도하라 무엇보다도 뜨겁게 서로 사랑할지니 사랑은 허다한 죄를 덮느니라 서로 대접하기를 원망 없이 하고 각각 은사를 받은 대로 하나님의 여러 가지 은혜를 맡은 선한 청지기 같이 서로 봉사하라 만일 누가 말하려면 하나님의 말씀을 하는 것 같이 하고 누가 봉사하려면 하나님이 공급하시는 힘으로 하는 것 같이 하라 이는 범사에 예수 그리스도로 말미암아 하나님이 영광을 받으시게 하려 함이니 그에게 영광과 권능이 세세에 무궁하도록 있느니라 아멘

예수님은 분명히 다시 오십니다. "가서 너희를 위하여 거처를 예비하면 내가 다시 와서 너희를 내게로 영접하여 나 있는 곳에 너희도 있게 하리라"요 14:3. 재림에 관한 말씀을 읽으면서 우리는 날마다 깨어있어야 합니다. 노아는 120년 동안 방주를 지으면서 하나님의 심판이 있을 것을 경고했지만 사람들은 귀담아듣지 않다가 결국 심판을 받고 말았습니다. 그러므로 우리는 역사의 수레바퀴가 종말을 향하고 있음을 기억하면서 주님의 재림을 준비해야 합니다.

주님의 재림을 준비하기 위해 정신을 차리고 영적으로 깨어 있어야 합니다. 또한 이를 위해 깨끗한 마음으로 기도해야 합니다. 기도 없는 신앙생활은 무기력하며 쉽게 시험에 들기 때문입니다. 따라서 하나님의 뜻을 구하는 기도를 통해 항상 하나님과 깊은 영적 교제를 가져야 합니다. 하나님과의 교제가 우리의 영혼을 새롭게 하기 때문입니다.

또한 사랑으로 봉사해야 합니다. 하나님을 사랑하는 마음으로 예수님처럼 우리에게 맡겨진 십자가를 담당해야 합니다. 우리가 감사하는 마음으로 서로 사랑하고 봉사하며 헌신할 때 하나님이 영광을 받으시기 때문입니다. 이처럼 예수님의 은혜와 십자가를 기억하며 모든 일에 하나님에게 영광을 돌리는 것이 예수님의 재림을 준비하는 길입니다.

나눔의 시간

지금까지의 삶에서 가장 많이 준비한 일은 무엇입니까? 그 준비가 삶에 어떤 영향을 끼쳤는지 나눠 봅시다.

결단의 시간

예수님의 재림을 준비하는 것만큼 중요한 일은 없습니다. 오늘 우리 가정이 예수님의 재림을 준비하기 위해 헌신해야 할 것은 무엇입니까? 이 시간 헌신하기로 결단합시다.

함께하는 기도

하나님 아버지, 예수님의 재림을 준비하는 삶과 가정이 될 수 있도록 인도해 주옵소서. 기도하고 사랑으로 봉사하며 하나님에게 영광을 돌리도록 역사해 주옵소서. 예수님의 이름으로 기도합니다. 아멘.

암송 말씀

만물의 마지막이 가까이 왔으니 그러므로 너희는 정신을 차리고 근신하여 기도하라 _벧전 4:7

주기도문

10월 25일

기뻐하라!

신앙고백 | 사도신경
찬송 | 428, 430장
본문 말씀 | 시편 21편 1-7절

> 여호와여 왕이 주의 힘으로 말미암아 기뻐하며 주의 구원으로 말미암아 크게 즐거워하리이다 그의 마음의 소원을 들어 주셨으며 그의 입술의 요구를 거절하지 아니하셨나이다 (셀라) 주의 아름다운 복으로 그를 영접하시고 순금 관을 그의 머리에 씌우셨나이다 그가 생명을 구하매 주께서 그에게 주셨으니 곧 영원한 장수로소이다 주의 구원이 그의 영광을 크게 하시고 존귀와 위엄을 그에게 입히시나이다 그가 영원토록 지극한 복을 받게 하시며 주 앞에서 기쁘고 즐겁게 하시나이다 왕이 여호와를 의지하오니 지존하신 이의 인자함으로 흔들리지 아니하리이다

다윗은 주님으로 말미암아 기뻐하고 즐거워하겠다고 고백합니다. "여호와여 왕이 주의 힘으로 말미암아 기뻐하며 주의 구원으로 말미암아 크게 즐거워하리이다." 그가 이렇게 고백할 수 있었던 이유는 예수님이 환난과 풍파가 많은 이 세상 가운데서 우리를 도우시며 지키시기 때문입니다.

부귀와 영화도 예수님이 없다면 물거품과 같은 것입니다. 주님께서 주시는 복은 세상의 것과는 완전히 다릅니다. 세상이 주는 것은 한정적이지만 주님의 복은 영원합니다. 주님의 복은 이 세상에서의 승리뿐 아니라 내세에서 누리게 될 영원한 영광도 포함하고 있기 때문입니다. 다윗은 이것을 바라보며 소망했습니다. "입술의 구함을 거절치 아니하시는" 주님의 응답을 확신하면서 기도한 것입니다.

이처럼 우리도 주님만 믿고 의지하며 나아가야 합니다. 주님이 나의 힘이 되시면 이 세상의 모든 것이 축복으로 다가옴을 깨달아야 합니다. 환난과 고통이 다가와도 주님으로 인해 기뻐하고 즐거워하겠다고 결정하고 고백할 수 있기를 소망합니다.

나눔의 시간

언제 가장 즐겁고 기쁨이 넘칩니까? 왜 그 시간이 기쁘고 즐거운지에 대해 마음을 나눠 봅시다.

결단의 시간

우리의 기쁨이 세상의 것인지 아니면 주 안에 있는 것인지 돌아봅시다. 세상의 것이 아니라 주님으로 인해 기뻐하고 즐거워하는 영혼과 가정이 되기로 결단합시다.

함께하는 기도

하나님 아버지, 다윗처럼 주 안에서 기뻐하는 삶과 가정이 되기를 소망합니다. 물거품 같은 세상의 것에 집중하는 우리의 마음을 회개하오니 주님의 사랑과 은혜로 채워 주옵소서. 예수님의 이름으로 기도합니다. 아멘.

암송 말씀

여호와여 왕이 주의 힘으로 말미암아 기뻐하며 주의 구원으로 말미암아 크게 즐거워하리이다 _시 21:7

주기도문

10월 26일

하나님의 약속 _ 부르심

그리스도인의 사명

신앙고백 | 사도신경
찬송 | 324, 325장
본문 말씀 | 골로새서 1장 1-3절

> 하나님의 뜻으로 말미암아 그리스도 예수의 사도 된 바울과 형제 디모데는 골로새에 있는 성도들 곧 그리스도 안에서 신실한 형제들에게 편지하노니 우리 아버지 하나님으로부터 은혜와 평강이 너희에게 있을지어다 우리가 너희를 위하여 기도할 때마다 하나님 곧 우리 주 예수 그리스도의 아버지께 감사하노라

골로새 교회는 '에바브라'에 의해 세워졌습니다. 사도 바울은 3차 선교 여행을 할 때 에베소에서 3년 동안 말씀을 전했습니다. 에바브라는 그때 바울로부터 복음을 듣고 은혜를 받았습니다. 그 후 골로새로 돌아가서 자신이 들은 복음을 전하고 교회를 세웠는데 그 교회가 바로 골로새 교회입니다. 일반적으로 사도 바울은 말씀을 전한 지역에서 믿는 사람이 생기면 그들 중에서 그 교회의 지도자를 세워 맡기는 방식으로 교회를 개척했습니다. 그런데 골로새 교회는 사도 바울이 직접 개척한 교회가 아니라 그의 말씀에 은혜를 받은 사람이 가서 개척한 교회였습니다. 다시 말해 간접적으로 개척된 교회인 것입니다.

우리도 은혜를 받으면 가는 곳마다 복음을 증거함으로 받은 은혜를 나누어야 합니다. 받은 은혜가 감사하다면 당연히 주위 사람들에게도 은혜의 복음을 전해야 하는 것입니다. 그러므로 내가 있는 곳이 '작은 교회'가 되어야 합니다. 우리 가정과 직장과 학교가 '작은 교회'가 될 수 있도록 거룩한 꿈을 품어야 합니다. 이것이 바로 그리스도인의 사명입니다.

나눔의 시간

그리스도인으로서 우리는 어떤 영향력을 끼치고 있습니까? 가정, 학교, 직장에서 우리의 삶이 어떠한지 나눠 봅시다.

결단의 시간

우리 가정이 먼저 작은 교회가 되기로 결단합시다. 예배가 살아있고 사랑을 실천하며 복음을 증거 하는 가정이 되도록 결단합시다.

함께하는 기도

하나님 아버지, 오늘 우리 가정이 작은 교회가 되기 원합니다. 그리스도인의 사명을 감당하는 가정교회가 될 수 있도록 인도해 주옵소서. 선한 영향력을 끼치는 가정이 되도록 역사해 주옵소서. 예수님의 이름으로 기도합니다. 아멘.

암송 말씀

하나님의 뜻으로 말미암아 그리스도 예수의 사도 된 바울과 형제 디모데는 _골 1:1

주기도문

하나님의 약속 _ 부르심

10월 27일

내가 달려갈 길

신앙고백 | 사도신경
찬송 | 337, 341
본문 말씀 | 사도행전 20장 22-24절

> 보라 이제 나는 성령에 매여 예루살렘으로 가는데 거기서 무슨 일을 당할는지 알지 못하노라 오직 성령이 각 성에서 내게 증언하여 결박과 환난이 나를 기다린다 하시나 내가 달려갈 길과 주 예수께 받은 사명 곧 하나님의 은혜의 복음을 증언하는 일을 마치려 함에는 나의 생명조차 조금도 귀한 것으로 여기지 아니하노라

사명이 있는 사람은 환난과 핍박을 겁내지 않습니다. 사명이 삶의 목적이자 중심이기 때문입니다. 사도 바울은 예루살렘에서 결박과 고난이 자신을 기다린다는 사실을 알면서도 "어떠한 환난이 기다리고 있을지라도 저는 예루살렘으로 갈 것입니다. 주님, 하나님의 영광을 위해 목숨 바쳐 헌신하기 원합니다."라고 고백하고 있습니다. 그는 주님께 받은 사명을 이루기 위해서라면 자신의 목숨조차도 아까워하지 않았습니다.

우리에게도 '내가 달려갈 길', 즉 각자에게 주어진 사명이 있습니다. 우리는 그 사명을 완수해야 합니다. "죽으면 죽으리이다."라고 고백하며 순교자적인 열정으로 섬긴 사도 바울의 모습을 본받아야 합니다. 우리는 "사명을 이룰 때까지 어떠한 환난과 어려움이 다가와도 뒤로 물러서지 않으며 오직 믿음으로 나아가겠습니다."라는 결단을 해야 합니다.

나눔의 시간

　후회 없이 열정을 쏟아 부은 일이 있었습니까? 어떤 일이었습니까? 얼마나 최선을 다했습니까? 왜 그렇게까지 했는지 나눠 봅시다.

결단의 시간

　오늘 주님께서 우리에게 원하시는 헌신은 무엇입니까? 그것을 위해 열정을 다할 준비가 되어 있습니까? 이 시간 목숨보다 사명을 더 중히 여기겠다고 결단하며 헌신합시다.

함께하는 기도

　하나님 아버지, 사도 바울과 같은 열정과 헌신의 사람이 되기 원합니다. 우리의 마음에 식어버린 열정을 회복시켜 주시고 삶속에서 믿음을 실천할 수 있는 용기도 주옵소서. 주님의 영광을 위해서라면 목숨까지도 버릴 수 있는 믿음의 용사가 되도록 인도해 주옵소서. 예수님의 이름으로 기도합니다. 아멘.

암송 말씀

> 내가 달려갈 길과 주 예수께 받은 사명 곧 하나님의 은혜의 복음을 증언하는 일을 마치려 함에는 나의 생명조차 조금도 귀한 것으로 여기지 아니하노라 _행 20:24

주기도문

10월 28일

내가 여기 있나이다

신앙고백 | 사도신경
찬송 | 212, 214장
본문 말씀 | 이사야 6장 8절

> 내가 또 주의 목소리를 들으니 주께서 이르시되 내가 누구를 보내며 누가 우리를 위하여 갈꼬 하시니 그 때에 내가 이르되 내가 여기 있나이다 나를 보내소서 하였더니

1885년 4월 5일, 아펜젤러(H.G. Appenzeller)와 함께 우리나라에 최초로 들어온 선교사인 언더우드(H.G. Underwood)는 인도 선교사로 가기 위해 준비하던 중에 우연히 조선에 대해서 듣게 되었습니다. 그는 하나님에게 이렇게 기도했습니다.

"오 하나님, 간절히 기도합니다. 저 멀리 조선에는 토마스(R.J. Thomas) 선교사가 순교의 피를 흘린 지 이미 20년이 지났습니다. 그 나라의 심령들이 마치 마게도냐 사람이 밤중에 일어나서 기도하듯이 간절히 간구하고 있습니다. 오, 주여 과연 누구를 보내시렵니까?" 이때 성령의 음성이 들려왔습니다. "언더우드야, 네가 가겠다고 왜 말하지 못하느냐? 가라, 내가 너와 함께하리라." 그 순간 언더우드의 마음은 기쁨으로 충만해졌습니다. 그는 이사야 선지자가 하나님의 부르심에 응답했던 것처럼 "주여! 제가 여기 있나이다. 저를 보내 주옵소서."라고 하나님에게 응답했습니다. 그리하여 언더우드는 인도가 아닌 조선으로 발길을 돌리게 되었고, 그 결과 수많은 사람을 주님께로 인도하며 병원과 학교를 세우는 등 이 땅에서 귀한 사역을 감당했습니다.

한 사람이 복음을 듣고 예수님을 영접하기까지는 수많은 사람의 기도와 헌신, 그리고 희생이 필요합니다. 우리는 모두 복음에 빚진 사람입니다. 그러므로 이제 우리가 주변에 믿지 않는 사람에게 복음을 전해야 합니다. 때를 얻든지 못 얻든지 항상 전해야 합니다. 그래야 많은 영혼을 주님께로 인도할 수 있습니다.

나눔의 시간

우리의 도움을 필요로 하는 사람들이 있습니까? 그들을 위해서 어떻게 돕고 있습니까? 이 시간 주님께서 주시는 마음을 묵상하고 나눠 봅시다.

결단의 시간

주님은 믿음의 사람을 통해 주님의 일을 행하십니다. 모세, 여호수아, 엘리야, 이사야를 통해 역사하신 주님은 오늘날 우리를 통해서도 역사하기 원하십니다. 오늘 주님 앞에서 '내가 하겠습니다' 라고 헌신해야 할 것은 무엇입니까? 결단하는 시간을 가집시다.

함께하는 기도

하나님 아버지, 주님의 마음이 우리의 마음이 되기를 원합니다. 그래서 '주님, 제가 여기 있습니다. 저를 사용하여 주옵소서' 라고 헌신하기 원합니다. 이사야처럼 주님의 영광을 위해 쓰임받는 믿음의 사람이 되도록 인도해 주옵소서. 예수님의 이름으로 기도합니다. 아멘.

암송 말씀

내가 또 주의 목소리를 들으니 주께서 이르시되 내가 누구를 보내며 누가 우리를 위하여 갈꼬 하시니 그 때에 내가 이르되 내가 여기 있나이다 나를 보내소서 하였더니 _사 6:8

주기도문

10월 29일

하나님의 계획

신앙고백 | 사도신경
찬송 | 361, 370장
본문 말씀 | 사도행전 22장 17-21절

후에 내가 예루살렘으로 돌아와서 성전에서 기도할 때에 황홀한 중에 보매 주께서 내게 말씀하시되 속히 예루살렘에서 나가라 그들은 네가 내게 대하여 증언하는 말을 듣지 아니하리라 하시거늘 내가 말하기를 주님 내가 주를 믿는 사람들을 가두고 또 각 회당에서 때리고 또 주의 증인 스데반이 피를 흘릴 때에 내가 곁에 서서 찬성하고 그 죽이는 사람들의 옷을 지킨 줄 그들도 아나이다 나더러 또 이르시되 떠나가라 내가 너를 멀리 이방인에게로 보내리라 하셨느니라

　주님은 유대인이 바울의 말을 듣지 않을 것이며, 바울의 사명은 예루살렘을 떠나 이방인에게 복음을 전하는 것이라고 말씀하셨습니다. 그러므로 바울이 예루살렘을 떠나게 된 것은 단순히 안전을 도모하기 위한 것뿐만 아니라 그를 이방 땅으로 보내 복음을 전하게 하시려는 주님의 계획과 뜻에 따른 것이었습니다. 바울은 자신의 근거지인 예루살렘에서 동족인 유대인에게 복음을 전하기 원했습니다. 그러나 주님은 바울의 뜻과 상관없이 그를 이방인의 사도로 세우셨습니다.

　이와 같이 하나님은 때때로 우리가 머무르기 원하는 곳에서 떠나라고 명령하십니다. 그럴 때 그것이 비록 내가 원하는 길이 아니더라도 주님께서 기뻐하시는 길이라면 기쁨으로 순종해야 합니다. 왜냐하면 하나님의 계획은 우리의 생각과 비교할 수 없을 정도로 심오하고 완전하기 때문입니다.

나눔의 시간

목적지를 모른 채 누군가를 따라 여행을 해 본 적이 있습니까? 어떤 상황이었으며 어떤 감정이 들었는지 나눠 봅시다.

결단의 시간

주님은 "내가 곧 길이요, 진리요, 생명이니" 요 14:6 라고 말씀하십니다. 주님만이 우리를 하나님에게 인도하실 수 있습니다. 그러므로 삶속에서 가장 중요한 것은 우리의 생각이 아니라 주님의 뜻입니다. 이 시간 우리의 마음을 내려놓고 오직 주님의 뜻에만 순종하기로 결단합시다.

함께하는 기도

하나님 아버지, 우리의 욕심과 마음을 내려놓고 주님만을 따르기 원합니다. 주님을 향한 믿음과 열정으로 사명을 감당하기 원합니다. 기도할 때마다 우리의 마음과 생각을 주님의 것으로 채워 주옵소서. 예수님의 이름으로 기도합니다. 아멘.

암송 말씀

나더러 또 이르시되 떠나가라 내가 너를 멀리 이방인에게로 보내리라 하셨느니라 _행 22:21

주기도문

10월 30일

하나님의 약속 _ 부르심

영적인 독수리

신앙고백 | 사도신경
찬송 | 354, 360절
본문 말씀 | 이사야 40장 31절

> 오직 여호와를 앙망하는 자는 새 힘을 얻으리니 독수리가 날개치며 올라감 같을 것이요 달음박질하여도 곤비하지 아니하겠고 걸어가도 피곤하지 아니하리로다

우리는 보통 사람이 아닙니다. 하나님의 사람입니다. 그러므로 우리는 하나님의 사람답게 살아야 합니다. 그렇지 않으면 아무것도 아닌 일로 시험에 들거나 낙심하고 상처를 받습니다. 자신의 연약한 모습에 갇혀 주님을 바라보지 못하는 것입니다. 그럴 때 우리는 눈을 들어 주님을 바라보면서 믿음으로 도우심을 간구해야 합니다.

독수리는 날개를 쳐서 올라가지만 어느 정도 올라가면 바람을 타는 것만으로도 더 높이 올라갈 수 있습니다. 독수리가 바람을 타고 더 높이 올라가는 것같이 영적 독수리인 우리도 날개를 펴기만 하면 하나님이 인도하시는 바람을 타고 하늘 높이 올라갈 수 있습니다.

반면 작은 참새는 날개를 펴더라도 바람을 타지 못하고 오히려 바람에 휘둘리고 맙니다. 그러므로 참새가 주변에서 정신없이 날아다닌다고 해도 신경 쓰지 말아야 합니다. 독수리는 참새와 싸우지 않습니다. 독수리가 날개를 활짝 펴고 올라가기 시작하면 참새들은 짹짹거리며 따라오다가도 바람을 맞아 중간에서 다 떨어질 것입니다.

우리는 위대한 독수리이기 때문에 "나는 영적 독수리로서 독수리의 자존심을 지켜 참새와 싸우지 않겠습니다."라고 고백해야 합니다. 믿음의 날개를 활짝 펴고 바람을 타서 더 높이 올라가기를 소망합니다.

나눔의 시간

가정이나 삶의 터전에서 나는 어떤 사람입니까? 앞으로 어떤 사람이고 싶습니까? 각자의 마음을 나눠 봅시다.

결단의 시간

하나님의 사람답게 살아가려면 우리 자신이 영적 독수리임을 잊지 말아야 합니다. 작은 시련이나 고통을 뛰어넘을 수 있어야 합니다. 오늘 우리 삶을 괴롭히는 것은 무엇입니까? 그것이 올무가 되지 않도록 오직 하나님만 바라보기로 결단합시다.

함께하는 기도

하나님 아버지, 작은 시련이나 고통 때문에 흔들리지 않기를 원합니다. 오직 주님을 향한 마음과 열정으로 하나님의 사람답게 승리하는 삶을 살아가도록 인도해 주옵소서. 예수님의 이름으로 기도합니다. 아멘.

암송 말씀

오직 여호와를 앙망하는 자는 새 힘을 얻으리니 독수리가 날개치며 올라감 같을 것이요 달음박질하여도 곤비하지 아니하겠고 걸어가도 피곤하지 아니하리로다 _사 40:31

주기도문

하나님의 약속 _ 부르심

10월 31일

복음 전파의 도구

신앙고백 | 사도신경
찬송 | 495, 499장
본문 말씀 | 사도행전 26장 28-29절

아그립바가 바울에게 이르되 네가 적은 말로 나를 권하여 그리스도인이 되게 하려 하는도다 바울이 이르되 말이 적으나 많으나 당신뿐만 아니라 오늘 내 말을 듣는 모든 사람도 다 이렇게 결박된 것 외에는 나와 같이 되기를 하나님께 원하나이다 하니라

하나님이 살아계셔서 역사하고 계신다는 사실을 믿는다면 자신을 복음 전파의 도구로 드리기를 머뭇거리지 말아야 합니다. 자신의 생각이나 경험, 그리고 당장 눈앞에 보이는 현실에 얽매여 위축되면 복음을 전하는 일에 소홀해지기 마련이지만 주님은 오늘도 우리를 사용하기 원하십니다.

바울은 "오늘 내 말을 듣는 모든 사람도 다 이렇게 결박된 것 외에는 나와 같이 되기를 하나님께 원합니다."라고 당당하게 말했습니다. 바울은 이때 죄수의 신분으로 쇠사슬에 묶여 있었지만 그의 영혼은 성령으로 충만하여 자유롭게 마음껏 예수 그리스도를 증거했습니다. 반면 세상에서 성공적인 인생을 살면서도 복음을 전하는 일에는 말문이 막힌 사람은 몸은 자유롭지만 신앙은 결박당한 사람이나 다름없습니다.

먼저 가까운 사람부터 복음을 전하기 바랍니다. 수첩에 이름을 적어놓고 이름을 불러가며 기도하고, 섬김과 배려로 그들에게 다가가기 바랍니다.

나눔의 시간

내가 전한 복음으로 회심한 사람이 있습니까? 누구에게 복음을 전했고, 그가 어떻게 변화되었는지 나눠 봅시다.

결단의 시간

우리는 복음 전파의 도구로 부르심을 받았습니다. 그러므로 언제, 어디서든 복음을 전할 수 있어야 합니다. 막힘없이 복음을 전하기 위해 무엇을 준비하고 결단해야 합니까?

함께하는 기도

하나님 아버지, 주님을 기쁘시게 하는 믿음을 가질 수 있도록 인도해 주옵소서. 주님께서 주신 복음 전파의 사명을 잘 감당하기 위해 언제, 어디서나 복음을 전할 수 있도록 준비시켜 주옵소서. 예수님의 이름으로 기도합니다. 아멘.

암송 말씀

> 바울이 이르되 말이 적으나 많으나 당신뿐만 아니라 오늘 내 말을 듣는 모든 사람도 다 이렇게 결박된 것 외에는 나와 같이 되기를 하나님께 원하나이다 하니라 _행 26:29

주기도문

복음전파와 선교

November

11월

November

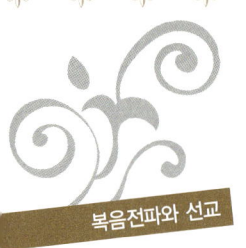
복음전파와 선교

십자가의 복음

신앙고백 | 사도신경
찬송 | 265, 301장
본문 말씀 | 요한복음 3장 16-17절

> 하나님이 세상을 이처럼 사랑하사 독생자를 주셨으니 이는 그를 믿는 자마다 멸망하지 않고 영생을 얻게 하려 하심이라 하나님이 그 아들을 세상에 보내신 것은 세상을 심판하려 하심이 아니요 그로 말미암아 세상이 구원을 받게 하려 하심이라

　순복음 신앙은 성경 전체를 변치 않고 정확 무오한 하나님의 말씀으로 믿고 받아들이는 신앙입니다. 영어로 'Full' 충만한, 가득한과 'Gospel' 복음의 합성어인 순복음은 성경 전체를 유일한 신앙의 표준으로 삼고, 그 말씀의 인도함을 따라 사는 삶을 추구합니다. 따라서 순복음 신앙의 핵심은 성경이고, 성경의 핵심은 예수 그리스도입니다. 창세기부터 계시록까지의 모든 말씀은 예수 그리스도를 중심으로 기록되었기 때문입니다. 구약은 오실 예수님에 대해서, 신약은 이 땅에 오셔서 구원을 성취하신 예수님과 다시 오실 예수님에 대해서 기록하고 있습니다.

　우리의 신앙은 예수님을 믿음으로 시작되어 예수님을 목표로 성장합니다. 하늘 보좌를 버리고 이 땅에 오신 예수님이 십자가에서 구원의 길을 열어 주셨기 때문입니다. 이러한 십자가의 복음을 믿는 사람은 멸망하지 않고 영생을 얻습니다. 이것이 순복음의 출발이요, 우리 신앙의 기초입니다.

👊 나눔의 시간

십자가를 볼 때마다 어떤 생각이 듭니까? 예수님이 심판의 상징인 십자가를 구원의 상징으로 만드신 이유에 대해 각자의 생각을 나눠 봅시다.

👊 결단의 시간

나의 삶에 가장 중요한 것은 무엇입니까? 예수님보다 더 귀하게 여기는 것이 있다면 고백하고 회개하는 시간을 가집시다.

👊 함께하는 기도

하나님 아버지, 오늘 우리 삶의 중심이 예수님이 되기를 소망합니다. 예수님이 십자가에서 열어주신 구원의 은혜와 영생을 맛보는 삶이 될 수 있도록 믿음을 허락해 주옵소서. 예수님의 이름으로 기도합니다. 아멘.

👊 암송 말씀

> 하나님이 세상을 이처럼 사랑하사 독생자를 주셨으니 이는 그를 믿는 자마다 멸망하지 않고 영생을 얻게 하려 하심이라 _요 3:16

👊 주기도문

11월 2일

보혈의 능력

신앙고백 | 사도신경
찬송 | 268, 270장
본문 말씀 | 이사야 53장 4-6절

> 그는 실로 우리의 질고를 지고 우리의 슬픔을 당하였거늘 우리는 생각하기를 그는 징벌을 받아 하나님께 맞으며 고난을 당한다 하였노라 그가 찔림은 우리의 허물 때문이요 그가 상함은 우리의 죄악 때문이라 그가 징계를 받으므로 우리는 평화를 누리고 그가 채찍에 맞으므로 우리는 나음을 받았도다 우리는 다 양 같아서 그릇 행하여 각기 제 길로 갔거늘 여호와께서는 우리 모두의 죄악을 그에게 담당시키셨도다

　예수님의 보혈에는 죄 사함의 권세가 있습니다. 예수님이 우리를 대신하여 십자가에서 죄의 대가를 감당하셨기 때문입니다. 그러므로 예수님의 보혈은 우리로 하여금 하나님과 화목하고 하나님의 생명과 평안을 누리게 합니다.

　예수님의 보혈은 우리를 삶의 모든 잘못된 행실에서 벗어나게 해 줍니다. 주님의 보혈은 죄 용서뿐 아니라 상처 입은 영혼, 병든 육체, 병든 생활을 모두 치료합니다. 세상 속에서 짓는 못된 죄의 습관, 중독의 문제, 혈기, 고집, 원망, 불평도 예수님의 보혈로 해결될 수 있습니다.

　골고다 언덕에서 십자가를 타고 흘러내린 예수님의 보혈이 해골과 사망의 상징이던 골고다 언덕을 생명과 구원의 상징으로 바꾸었듯이 예수님의 보혈은 죄와 사망에 갇힌 영혼을 생명으로 인도합니다.

나눔의 시간

죄의 습관, 중독의 문제, 혈기, 고집과 같이 변화되어야 할 문제가 있습니까? 이 시간 자신의 모습을 돌아보고 변화되어야 할 부분을 나눠 봅시다.

결단의 시간

예수님의 보혈 앞에서 해결되지 않는 문제는 없습니다. 십자가의 보혈을 통해 지금 겪고 있는 어려움이 해결되도록 선포하면서 함께 결단하고 기도합시다.

함께하는 기도

하나님 아버지, 보혈의 능력을 믿습니다. 아무도 해결할 수 없는 문제라 할지라도 보혈의 능력은 능히 치료할 줄 믿습니다. 이 시간 보혈의 능력으로 우리 삶 가운데 함께하여 주옵소서. 예수님의 이름으로 기도합니다. 아멘.

암송 말씀

그가 찔림은 우리의 허물 때문이요 그가 상함은 우리의 죄악 때문이라 그가 징계를 받으므로 우리는 평화를 누리고 그가 채찍에 맞으므로 우리는 나음을 받았도다 _사 53:5

주기도문

11월 3일

사랑의 실천

복음전파와 선교

신앙고백 | 사도신경
찬송 | 430, 455장
본문 말씀 | 마태복음 22장 35-40절

> 그 중의 한 율법사가 예수를 시험하여 묻되 선생님 율법 중에서 어느 계명이 크니이까 예수께서 이르시되 네 마음을 다하고 목숨을 다하고 뜻을 다하여 주 너의 하나님을 사랑하라 하셨으니 이것이 크고 첫째 되는 계명이요 둘째도 그와 같으니 네 이웃을 네 자신 같이 사랑하라 하셨으니 이 두 계명이 온 율법과 선지자의 강령이니라

 1979년, 노벨 평화상 수상자인 테레사 Teresa 수녀는 "사랑이 무엇입니까?"라는 질문에 "사랑은 행동하는 것입니다."라고 대답했습니다. 굶주림과 병마로 죽어 가는 사람들 속에서 예수님의 아픔과 그분이 지고 계신 십자가를 본 그녀는 평생 주님과 함께 십자가를 지며 사랑을 실천했습니다.

 이처럼 하나님을 사랑하는 사람은 이웃을 사랑해야 합니다. 하나님을 사랑하는 것과 이웃을 사랑하는 것은 불가분의 관계이기 때문입니다. 하나님이 사랑하는 이웃을 사랑하지 않는 사람은 죽은 믿음을 가진 사람입니다. 반면 믿음의 사람은 하나님의 마음으로 이웃을 대하며 사랑을 실천하는 사람입니다. 본문에서도 예수님은 율법사의 질문에 하나님을 사랑하고, 이웃을 사랑하는 것이 말씀의 핵심이라고 강조하십니다.

나눔의 시간

이웃을 도왔던 적이 있습니까? 그때 어떤 마음을 느꼈습니까? 우리가 왜 이웃을 사랑해야 하는지 나눠 봅시다.

결단의 시간

진정한 사랑은 가정에서부터 출발해야 합니다. 하나님이 허락하신 가정에 대해 감사하며 서로 사랑하기로 결단합시다.

함께하는 기도

하나님 아버지, 눈에 보이지 않는 하나님을 사랑하는 방법은 눈에 보이는 이웃을 사랑하는 것이라는 사실을 배웠습니다. 많은 믿음의 사람들처럼 주님과 함께 십자가를 지며 사랑을 실천할 수 있는 믿음을 주옵소서. 예수님의 이름으로 기도합니다. 아멘.

암송 말씀

둘째도 그와 같으니 네 이웃을 네 자신 같이 사랑하라 하셨으니 _마 22:39

주기도문

복음전파와 선교

11월 4일

하나됨

신앙고백 | 사도신경
찬송 | 183, 195장
본문 말씀 | 사도행전 2장 9-11절

> 우리는 바대인과 메대인과 엘람인과 또 메소보다미아, 유대와 갑바도기아, 본도와 아시아, 브루기아와 밤빌리아, 애굽과 및 구레네에 가까운 리비야 여러 지방에 사는 사람들과 로마로부터 온 나그네 곧 유대인과 유대교에 들어온 사람들과 그레데인과 아라비아인들이라 우리가 다 우리의 각 언어로 하나님의 큰 일을 말함을 듣는도다 하고

성령은 '선교의 영'입니다. 성령을 받은 제자들이 각 나라의 방언으로 말한 데는 깊은 영적 의미가 담겨 있습니다. 바벨탑 사건으로 인해 흩어진 사람들이 성령을 받은 후 한 언어로 말하는 역사가 나타났습니다. 다시 하나가 된 것입니다.

이처럼 성령을 받으면 하나님의 자녀는 모두 하나가 됩니다. 특히 본문 9절과 11절은 소아시아, 북아프리카, 유럽, 메소보다미아 지역에 걸쳐 있는 각 지명을 구체적으로 언급함으로써 앞으로 세계 만방에 주의 복음이 전파될 것이라는 암시를 줍니다. 이와 같이 성령은 타락하여 흩어진 인류를 하나님의 자녀로 불러 모으시는 선교의 영이십니다.

나눔의 시간

성령체험이나 방언에 대한 각자의 생각은 어떠합니까? 성령체험이나 방언의 경험에 대해 나눠 봅시다.

결단의 시간

은사를 받은 사람은 받은 데서 멈추면 안 됩니다. 받은 은사로 '열매'를 맺으며 성품도 변화되어야 합니다. 오늘 우리 삶과 가정에서 변화되어야 할 것을 생각해 보고 그 부분에서도 열매를 맺기로 결단하며 기도합시다.

함께하는 기도

하나님 아버지, 하나님에게 영광을 돌리는 삶이 되기를 소망합니다. 성령을 체험하기 원합니다. 방언하기 원합니다. 오늘 우리 가정이 성령으로 변화되어 회복되기 원합니다. 주님의 성령을 부어 주옵소서. 예수님의 이름으로 기도합니다. 아멘.

암송 말씀

> 그레데인과 아라비아인들이라 우리가 다 우리의 각 언어로 하나님의 큰 일을 말함을 듣는도다 하고 _ 행 2:11

주기도문

11월 5일

복음전파와 선교

권세 있는 신앙

신앙고백 | 사도신경
찬송 | 348, 352장
본문 말씀 | 누가복음 10장 17-20절

> 칠십 인이 기뻐하며 돌아와 이르되 주여 주의 이름이면 귀신들도 우리에게 항복하더이다 예수께서 이르시되 사탄이 하늘로부터 번개 같이 떨어지는 것을 내가 보았노라 내가 너희에게 뱀과 전갈을 밟으며 원수의 모든 능력을 제어할 권능을 주었으니 너희를 해칠 자가 결코 없으리라 그러나 귀신들이 너희에게 항복하는 것으로 기뻐하지 말고 너희 이름이 하늘에 기록된 것으로 기뻐하라 하시니라

　예수님은 70명의 제자를 부르셔서 짝을 지어 다니며 복음을 전하게 했습니다. 그들이 복음을 전할 때 병자들이 낫고 귀신들이 소리치며 떠나갔습니다. 이것을 보고하자 예수님은 "내가 너희에게 원수의 모든 능력을 제어할 권능을 주었으니"라고 말씀하셨습니다. 눅 10:19.

　예수님이 주신 권세는 마귀의 능력을 제어할 수 있는 권세입니다. "믿는 자들에게는 이런 표적이 따르리니 곧 그들이 내 이름으로 귀신을 쫓아내며 새 방언을 말하며 뱀을 집어올리며 무슨 독을 마실지라도 해를 받지 아니하며 병든 사람에게 손을 얹은즉 나으리라" 막 16:17,18. 주님은 말씀처럼 모든 믿는 자에게 이 권세를 주셨습니다. 즉 예수님은 제자들뿐만 아니라, 우리에게도 이러한 권세를 주신 것입니다. 그러므로 우리는 예수님이 주신 권세를 사용할 수 있어야 합니다.

나눔의 시간

원치 않게 반복적으로 죄를 범하는 경우가 있습니까? 죄 된 습관을 예수님의 능력으로 극복했던 경험을 나눠 봅시다.

결단의 시간

주님은 제자들에게 주신 권세를 우리에게도 주셨습니다. 가족과 이웃 중에 어려움을 당하는 사람을 위해 예수 그리스도의 권세를 선포하며 영적 전쟁에서 승리하도록 기도합시다.

함께하는 기도

하나님 아버지, 우리에게 귀신을 제어할 권세를 주셔서 감사합니다. 늘 권세 있는 신앙인으로 살도록 도와주옵소서. 죄 된 습관과 더러운 것들을 제거하고 하나님의 거룩한 자녀답게 승리할 수 있도록 역사해 주옵소서. 예수님의 이름으로 기도합니다. 아멘.

암송 말씀

> 내가 너희에게 뱀과 전갈을 밟으며 원수의 모든 능력을 제어할 권능을 주었으니 너희를 해칠 자가 결코 없으리라 _눅 10:19

주기도문

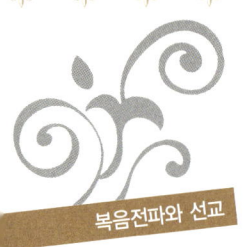

복음전파와 선교

11월 6일

구원자 예수

신앙고백 | 사도신경
찬송 | 94, 96장
본문 말씀 | 마태복음 1장 18-21절

> **예수 그리스도의 나심은 이러하니라** 그의 어머니 마리아가 요셉과 약혼하고 동거하기 전에 성령으로 잉태된 것이 나타났더니 그의 남편 요셉은 의로운 사람이라 그를 드러내지 아니하고 가만히 끊고자 하여 이 일을 생각할 때에 주의 사자가 현몽하여 이르되 다윗의 자손 요셉아 네 아내 마리아 데려오기를 무서워하지 말라 그에게 잉태된 자는 성령으로 된 것이라 아들을 낳으리니 이름을 예수라 하라 이는 그가 자기 백성을 그들의 죄에서 **구원할 자이심이라** 하니라

이 세상의 모든 복 중에서 예수 그리스도의 이름보다 더 큰 복은 없습니다. 예수 그리스도가 우리를 사망에서 구원하셨기 때문입니다. 예수님 외에 그 누구도 우리를 죄와 절망과 사망에서 건져낼 수 없습니다. "다른 이로써는 구원을 받을 수 없나니 천하 사람 중에 구원을 받을 만한 다른 이름을 우리에게 주신 일이 없음이라 하였더라"^{행 4:12}.

예수님은 우리가 무엇으로도 살 수 없는 구원을 값없이 주셨습니다. 우리에게 구원을 주시기 위해 낮고 천한 땅, 죄와 질병과 온갖 문제로 가득한 이 땅에 오셨습니다. 또한 예수님은 십자가에서 인류의 모든 죄와 사망을 담당하시므로 구원의 길을 열어 주시고, 죄인을 사망에서 구원하셨습니다.

그러므로 그리스도인은 주님의 은혜와 사랑에 감사하는 마음으로 복음을 증거해야 합니다. 예수님을 자랑해야 합니다. 이것이 예수님이 우리를 죄에서 구원하신 이유이기 때문입니다.

나눔의 시간

최근 기독교에 대해 부정적으로 인식하게 하는 일이 많이 일어나고 있는데, 이에 대해 어떤 마음이 듭니까? 기독교인으로서 마음 아픈 일이 있었다면 나눠 봅시다.

결단의 시간

예수님만이 우리의 구원자이심을 믿습니까? 복음이 필요한 친지나 이웃에게 구원자 되신 예수 그리스도를 증거하기로 결단합시다.

함께하는 기도

하나님 아버지, 예수님만이 우리 삶과 가정의 구원자이심을 고백합니다. 또한 구원자 되신 예수님을 증거하는 가정이 되기를 소망합니다. 그런 믿음과 용기를 주옵소서. 예수님의 이름으로 기도합니다. 아멘.

암송 말씀

> 아들을 낳으리니 이름을 예수라 하라 이는 그가 자기 백성을 그들의 죄에서 구원할 자이심이라 하니라 _마 1:21

주기도문

11월 7일

성령, 권능, 증인

신앙고백 | 사도신경
찬송 | 320, 499장
본문 말씀 | 사도행전 1장 4-8절

> 사도와 함께 모이사 그들에게 분부하여 이르시되 예루살렘을 떠나지 말고 내게서 들은 바 아버지께서 약속하신 것을 기다리라 요한은 물로 세례를 베풀었으나 너희는 몇 날이 못되어 성령으로 세례를 받으리라 하셨느니라 그들이 모였을 때에 예수께 여쭈어 이르되 주께서 이스라엘 나라를 회복하심이 이 때니이까 하니 이르시되 때와 시기는 아버지께서 자기의 권한에 두셨으니 너희가 알 바 아니요 오직 성령이 너희에게 임하시면 너희가 권능을 받고 예루살렘과 온 유대와 사마리아와 땅 끝까지 이르러 내 증인이 되리라 하시니라

본문에 나오는 '성령', '권능', '증인'이라는 세 단어는 밀접하게 연관되어 있습니다. 성령을 받으면 권능을 받고, 권능을 받으면 증인이 되기 때문입니다. '성령'은 보혜사로서 '옆에서 도우시는 분'이라는 뜻입니다. 성령은 때로는 어머니같이, 때로는 아버지같이 곁에서 우리를 도우십니다. 성령님이 함께하시면 인간의 생각이 아니라 성령의 생각을 따라 인도를 따라 승리하는 삶을 살게 됩니다.

'권능'이란 헬라어로 '두나미스'인데 '다이너마이트'가 이 단어에서 나왔습니다. 즉 이 단어는 매우 큰 힘을 의미합니다. 그러므로 우리 앞에 어떤 절망의 산이 가로막혀 있을 지라도, 성령을 받으면 성령의 폭발적인 능력으로 절망의 산을 폭파시켜 길을 낼 수 있습니다.

'증인'은 헬라어로 '마르투스' 인데, 이는 '순교자' 라는 의미입니다. 성령을 받으면 권능을 받아 목숨을 걸고 복음을 전하는 증인이 됩니다. 모이면 기도하고 흩어지면 전도하는 것이 그리스도인의 삶이자 증인의 삶입니다.

나눔의 시간

복음을 증거하면서 성령님의 인도하심을 경험한 적이 있습니까? 어떤 도움이었는지 나눠 봅시다.

결단의 시간

복음을 전하면 성령의 폭발적인 역사가 일어납니다. 아무리 힘들고 어려워도 복음을 전하면 하나님의 기적이 일어납니다. 성령의 역사를 기대하면서 복음을 전하기로 결단합시다.

함께하는 기도

하나님 아버지, 성령을 받기 원합니다. 성령의 강력한 권능으로 복음을 증거하는 삶이 되기를 소망합니다. 순교의 각오를 가지고 복음을 전하는 '증인'이 되도록 인도해 주옵소서. 예수님의 이름으로 기도합니다. 아멘.

암송 말씀

오직 성령이 너희에게 임하시면 너희가 권능을 받고 예루살렘과 온 유대와 사마리아와 땅 끝까지 이르러 내 증인이 되리라 하시니라 _행 1:8

주기도문

11월 8일

복음전파와 선교

우리를 보내시는 예수님

신앙고백 | 사도신경
찬송 | 320, 510장
본문 말씀 | 요한복음 20장 19-23절

이 날 곧 안식 후 첫날 저녁 때에 제자들이 유대인들을 두려워하여 모인 곳의 문들을 닫았더니 예수께서 오사 가운데 서서 이르시되 너희에게 평강이 있을지어다 이 말씀을 하시고 손과 옆구리를 보이시니 제자들이 주를 보고 기뻐하더라 예수께서 또 이르시되 너희에게 평강이 있을지어다 아버지께서 나를 보내신 것 같이 나도 너희를 보내노라 이 말씀을 하시고 그들을 향하사 숨을 내쉬며 이르시되 성령을 받으라 너희가 누구의 죄든지 사하면 사하여질 것이요 누구의 죄든지 그대로 두면 그대로 있으리라 하시니라

　예수님은 우리를 죄와 절망이 가득한 세상으로 보내시면서 상처 입은 영혼을 향해 나아가라고 말씀하십니다. 조선 최초의 장로교 선교사인 언더우드Horace G. Underwood는 하나님의 부르심을 받아 전 생애를 조선 선교를 위해 헌신했습니다.

　그는 이와 같은 기도문을 남겼습니다. "주께서 붙잡아 뚝 떨어뜨려 놓은 이곳, 지금은 아무 것도 보이지 않습니다. 보이는 것은 고집스럽게 얼룩진 어둠뿐입니다. 어둠과 가난과 인습에 묶여 있는 조선사람뿐입니다. 그러나 주님 '믿음은 바라는 것들의 실상이요 보지 못하는 것들의 증거니' 라고 하신 말씀을 따라 조선의 믿음의 앞날을 볼 수 있게 될 것을 믿습니다. 지금은 예배드릴 예배당도 없고 학교도 없고 그저 경계와 의심과 멸시와 천대가 가득한 곳이지만 이곳이 머지않아 은총의 땅이 되리라는 것을 믿습니다."

비록 그의 눈으로 부흥을 보지는 못했지만, 그의 꿈은 이루어졌습니다. 그리스도의 복음이 이 땅을 복 받은 땅으로 변화시킨 것입니다. 선교는 지금 당장 눈 앞에서 이루어지는 것을 보는 것이 아니라 앞으로 일어날 일을 믿음으로 바라보는 것입니다.

나눔의 시간

직간접적으로 선교에 참여했던 경험이 있습니까? 만약 우리 가정이 선교를 한다면 무엇을, 어떻게 할 수 있을지 구체적으로 나눠 봅시다.

결단의 시간

선교는 선택사항이 아니라 필수사항입니다. 우리 가정이 선교를 위해 드릴 물질과 시간을 구체적으로 계획하고 헌신하기로 결단합시다.

함께하는 기도

하나님 아버지, 하나님의 부르심에 순종하는 가정이 되기를 소망합니다. 이 땅에 복음을 전해 주었던 선교사처럼 복음을 전하는 가정이 되기 원합니다. 믿음으로 주님이 주신 사명을 감당하도록 인도해 주옵소서. 예수님의 이름으로 기도합니다. 아멘.

암송 말씀

> 예수께서 또 이르시되 너희에게 평강이 있을지어다 아버지께서 나를 보내신 것 같이 나도 너희를 보내노라 _요 20:21

주기도문

복음전파와 선교

11월 9일

예수님의 사랑

신앙고백 | 사도신경
찬송 | 292, 301장
본문 말씀 | 요한복음 21장 15-17절

> 그들이 조반 먹은 후에 예수께서 시몬 베드로에게 이르시되 요한의 아들 시몬아 네가 이 사람들보다 나를 더 사랑하느냐 하시니 이르되 주님 그러하나이다 내가 주님을 사랑하는 줄 주님께서 아시나이다 이르시되 내 어린 양을 먹이라 하시고 또 두 번째 이르시되 요한의 아들 시몬아 네가 나를 사랑하느냐 하시니 이르되 주님 그러하나이다 내가 주님을 사랑하는 줄 주님께서 아시나이다 이르시되 내 양을 치라 하시고 세 번째 이르시되 요한의 아들 시몬아 네가 나를 사랑하느냐 하시니 주께서 세 번째 네가 나를 사랑하느냐 하시므로 베드로가 근심하여 이르되 주님 모든 것을 아시오매 내가 주님을 사랑하는 줄을 주님께서 아시나이다 예수께서 이르시되 내 양을 먹이라

예수님은 자신을 세 번이나 부인한 베드로를 신실한 주님의 종으로 변화시키시기 위해 찾아가셨습니다. 베드로를 만난 예수님은 그에게 "네가 나를 사랑하느냐"라고 세 번이나 물으셨습니다. 예수님을 세 번이나 부인한 베드로가 반복적으로 사랑을 고백하게 함으로써 그의 상처를 치료해 주시기 위함이었습니다.

이것이 바로 그리스도의 사랑입니다. 오직 예수님의 사랑만이 우리를 변화시킵니다. 베드로 사도는 주님의 사랑에 감동되어 여생을 주님에게 헌신했습니다. 마지막까지 순교의 길을 걸었던 것입니다. 이 세상 무엇으로도 상처받은 우리의 마음을 고칠 수 없지만 예수님의 사랑으로는 가능합니다.

복음은 이러한 예수님의 사랑을 증거하는 것입니다. 예수님의 사랑을 증거하면 하나님의 용서를 통해 사람 사이에서도 용서가 일어납니다.

나눔의 시간

큰 실수에도 불구하고 가족에게 용서를 받은 적이 있습니까? 그때의 마음을 나눠 봅시다.

결단의 시간

예수님의 사랑에도 불구하고 아직까지 용서하지 못하는 사람이 있습니까? 이 시간 그 사람을 용서하고 사랑으로 용납하기로 결단합시다.

함께하는 기도

하나님 아버지, 우리의 연약함에도 불구하고 우리를 버리지 않으시는 예수님의 사랑을 기억합니다. 그 사랑으로 우리 자신과 서로를 용납하는 가정이 될 수 있도록 인도해 주옵소서. 예수님의 이름으로 기도합니다.

암송 말씀

> 세 번째 이르시되 요한의 아들 시몬아 네가 나를 사랑하느냐 하시니 주께서 세 번째 네가 나를 사랑하느냐 하시므로 베드로가 근심하여 이르되 주님 모든 것을 아시오매 내가 주님을 사랑하는 줄을 주님께서 아시나이다 예수께서 이르시되 내 양을 먹이라 _요 21:17

주기도문

복음전파와 선교

11월 10일

내가 그리스도와 함께

신앙고백 | 사도신경
찬송 | 304, 508장
본문 말씀 | 갈라디아서 2장 19-21절

> 내가 율법으로 말미암아 율법에 대하여 죽었나니 이는 하나님에 대하여 살려 함이라 내가 그리스도와 함께 십자가에 못 박혔나니 그런즉 이제는 내가 사는 것이 아니요 오직 내 안에 그리스도께서 사시는 것이라 이제 내가 육체 가운데 사는 것은 나를 사랑하사 나를 위하여 자기 자신을 버리신 하나님의 아들을 믿는 믿음 안에서 사는 것이라 내가 하나님의 은혜를 폐하지 아니하노니 만일 의롭게 되는 것이 율법으로 말미암으면 그리스도께서 헛되이 죽으셨느니라

　그리스도인은 예수님의 은혜 안에서 살아 갑니다. 그렇기에 더 이상 사탄이 참소하지 못합니다. 종교개혁자인 마틴 루터Matin Luther가 저녁 기도할 때, 사탄이 나타나서 그가 지은 모든 죄를 낱낱이 적은 두루마리를 펼치자 루터는 "이래도 내가 종교개혁을 할 수 있는가?"라며 괴로워하였습니다. 그때 갑자기 그 두루마리 위로 예수님의 피가 떨어지기 시작하더니 그분의 음성이 들렸습니다. "네 모든 죄를 내가 십자가에서 다 사했다" 마틴 루터는 새 힘과 용기를 얻어 종교개혁을 끝까지 해 나갈 수 있었습니다.

　이처럼 예수님의 보혈은 우리를 죄와 사망에서 생명으로 인도합니다. 또한 하나님의 사명을 감당할 힘을 부어 주십니다. 왜냐하면 예수님의 십자가 은혜로 우리의 죄성은 죽고, 그리스도께서 우리 안에 사시게 되었기 때문입니다. 그렇기에 그리스도인의 삶은 예수님을 위한 삶이 되어야 합니다. 예수님만을 바라보며 믿음으로 담대히 전진해야 합니다.

👊 나눔의 시간

가족의 위로 덕분에 어려움 가운데서도 평안을 찾은 경험이 있습니까? 위로의 말이 얼마나 큰 힘이 되었는지 나누고 감사하는 시간을 가집시다.

👊 결단의 시간

이웃 간에도 감사와 위로의 말보다는 정죄하는 말로 상처를 줄 때가 더 많습니다. 상처를 주는 말이 아닌 예수님의 보혈로 영혼을 살리는 말을 하는 가정이 되기로 결단합시다.

👊 함께하는 기도

하나님 아버지, 오늘 우리 가족의 대화가 십자가의 보혈로 인해 변화되기 원합니다. 다른 사람의 마음을 아프게 하는 말 대신 영혼을 살리는 말, 복음을 증거하는 말로 가득하도록 인도해 주옵소서. 예수님의 이름으로 기도합니다. 아멘.

👊 암송 말씀

> 내가 그리스도와 함께 십자가에 못 박혔나니 그런즉 이제는 내가 사는 것이 아니요 오직 내 안에 그리스도께서 사시는 것이라 이제 내가 육체 가운데 사는 것은 나를 사랑하사 나를 위하여 자기 자신을 버리신 하나님의 아들을 믿는 믿음 안에서 사는 것이라 _갈2:20

👊 주기도문

물댄동산

11월 11일

복음전파와 선교

내게 능력 주시는 자 안에서

신앙고백 | 사도신경
찬송 | 347, 353장
본문 말씀 | 빌립보서 4장 11-13절

> 내가 궁핍하므로 말하는 것이 아니니라 어떠한 형편에든지 나는 자족하기를 배웠노니 나는 비천에 처할 줄도 알고 풍부에 처할 줄도 알아 모든 일 곧 배부름과 배고픔과 풍부와 궁핍에도 처할 줄 아는 일체의 비결을 배웠노라 내게 능력 주시는 자 안에서 내가 모든 것을 할 수 있느니라

　사도 바울의 일생은 말할 수 없는 고난과 어려움이 함께했었습니다. 예수님을 만난 이후 복음을 전하기 위해 소아시아와 유럽을 다닐 때 항상 말할 수 없는 박해가 뒤따랐습니다. 또 가는 곳마다 교회를 세우다 보니 물질적인 어려움도 있었습니다. 그러나 성경 어디에도 사도 바울이 낙심하여 탄식하면서 원망하고 불평했다는 기록은 없습니다. 오히려 감옥에서도 주님께 감사하고, 찬양했다는 기록이 나옵니다.

　사도 바울이 이런 고난 속에서도 승리의 삶을 살 수 있었던 비결은 그가 예수님 안에 거했기 때문입니다. 여러 가지 현실적인 어려움과 환난이 있었지만 그 안에 계신 예수님이 힘과 용기를 주셨기 때문에 사도 바울은 늘 승리하는 삶을 살 수 있었습니다. 우리도 마찬가지입니다. 어떠한 형편에 처했더라도 우리에게 능력 주시는 주님 안에 거하면 승리의 삶을 살 수 있습니다.

나눔의 시간

살면서 가장 힘들었던 순간은 언제였습니까? 또한 행복했던 순간은 언제였습니까? 각각의 상황에서 믿음은 어떤 영향을 끼쳤습니까?

결단의 시간

어떤 상황에서도 가정예배 시간을 지키기로 결단합시다. 복음을 전하기 위해 헌신하는 가정이 되기로 결단합시다.

함께하는 기도

하나님 아버지, 우리 삶과 가정이 주님 안에 있기를 소망합니다. 주님 안에서 모든 것에 감사하며 항상 예배하는 가정이 되도록 인도해 주옵소서. 예수님의 이름으로 기도합니다. 아멘.

암송 말씀

내게 능력 주시는 자 안에서 내가 모든 것을 할 수 있느니라 _ 빌 4:13

주기도문

복음전파와 선교

11월 12일

너희와 항상 함께 있으리라

신앙고백 | 사도신경
찬송 | 430, 436장
본문 말씀 | 마태복음 28장 18-20절

예수께서 나아와 말씀하여 이르시되 하늘과 땅의 모든 권세를 내게 주셨으니 그러므로 너희는 가서 모든 민족을 제자로 삼아 아버지와 아들과 성령의 이름으로 세례를 베풀고 내가 너희에게 분부한 모든 것을 가르쳐 지키게 하라 볼지어다 내가 세상 끝 날까지 너희와 항상 함께 있으리라 하시니라

주님은 우리와 함께하시며 절대로 우리를 떠나지 않는 분이십니다. 그러므로 어떠한 환난이 다가와도 눈에 보이는 현실을 바라보며 두려워하지 말아야 합니다. 오히려 영적인 눈으로 주님을 바라보아야 합니다. 이 세상을 이긴 주님이 함께하심을 믿어야 합니다.

스코틀랜드 선교사인 리빙스턴 Livingstone David은 33년 동안 아프리카를 동서로 횡단하면서 복음을 증거했습니다. 그가 고향인 영국에 잠시 귀국했을 때 기자들이 질문했습니다. "아프리카에서 가장 어려웠던 것은 무엇입니까? 그 어려움을 어떻게 극복하셨습니까? 아프리카로 다시 돌아갈 예정이십니까?" 그러자 그는 이렇게 대답했습니다. "내게 가장 힘들었던 것은 환경이나 원주민, 질병이 아니라 어둠의 땅에 나 혼자 떨어져 있다는 고독이었습니다. 그러나 그때마다 이겨낼 수 있었던 것은 하나님이 나와 함께 계셨기 때문입니다. 나는 그분이 아프리카에 함께 계시는 한, 또 다시 아프리카로 갈 것입니다. 어려울 때 함께 싸워 주신 하나님과 나는 끝까지 함께할 것입니다."

그가 가장 좋아했던 성경구절은 마태복음 28장 20절입니다. "볼지어다 내가 세상 끝날까지 너희와 항상 함께 있으리라 하시니라." 이 말씀처럼 주님은 그의 평생을 함께하셨습니다. 이처럼 우리가 주님의 일을 감당할 때 주님은 항상 우리와 함께하십니다.

나눔의 시간

가장 기억에 남는 가족 여행은 언제 였습니까? 여행 중에 있었던 일 중 특히 부모님께 감사했던 일을 나눠 봅시다.

결단의 시간

우리와 함께하시겠다는 약속의 말씀을 믿고, 하나님의 말씀에 순종하여 복음을 증거합시다. 하나님이 책임지는 믿음의 여행을 시작하기로 결단합시다.

함께하는 기도

하나님 아버지, 우리가 말씀에 순종할 때 우리와 함께 하심을 믿습니다. 또한 모든 것을 책임져 주실 것을 믿습니다. 믿음으로 순종할 수 있도록 힘과 용기를 주옵소서. 예수님의 이름으로 기도합니다. 아멘.

암송 말씀

> 내가 너희에게 분부한 모든 것을 가르쳐 지키게 하라 볼지어다 내가 세상 끝날까지 너희와 항상 함께 있으리라 하시니라 _마 28:20

주기도문

11월 13일

복음전파와 선교

바나바의 동역

신앙고백 | 사도신경
찬송 | 210, 220장
본문 말씀 | 사도행전 9장 23-31절

> 여러 날이 지나매 유대인들이 사울 죽이기를 공모하더니 그 계교가 사울에게 알려지니라 그들이 그를 죽이려고 밤낮으로 성문까지 지키거늘 그의 제자들이 밤에 사울을 광주리에 담아 성벽에서 달아 내리니라 사울이 예루살렘에 가서 제자들을 사귀고자 하나 다 두려워하여 그가 제자 됨을 믿지 아니하니 바나바가 데리고 사도들에게 가서 그가 길에서 어떻게 주를 보았는지와 주께서 그에게 말씀하신 일과 다메섹에서 그가 어떻게 예수의 이름으로 담대히 말하였는지를 전하니라 사울이 제자들과 함께 있어 예루살렘에 출입하며 또 주 예수의 이름으로 담대히 말하고 헬라파 유대인들과 함께 말하며 변론하니 그 사람들이 죽이려고 힘쓰거늘 형제들이 알고 가이사랴로 데리고 내려가서 다소로 보내니라 그리하여 온 유대와 갈릴리와 사마리아 교회가 평안하여 든든히 서 가고 주를 경외함과 성령의 위로로 진행하여 수가 더 많아지니라

회심한 사울로 인해 예루살렘에 거주하던 그리스도인들은 당황했습니다. 그리스도인을 핍박하고, 스데반을 죽이는 데도 동참했던 사울이 그리스도의 제자가 되었다는 사실을 믿을 수가 없었습니다. 그렇기에 그리스도인은 아무도 사울과 교제하려고 하지 않았습니다.

이때 바나바가 나서서, 그가 어떻게 예수님의 제자가 되었는지를 전해주었습니다. 아무도 사울을 믿지 못하던 상황에서 바나바는 사울의 보증인이 되어 준 것입니다. 예루살렘의 제자들은 바나바의 중재로 인해 사울을 동역자로 받아들이게 되었습니다.

바나바의 이러한 도움으로 사울은 예루살렘에서 복음을 증거하게 되었습니다. 그리고 그 결과 온 유대와 갈릴리와 사마리아 지역 교회에 부흥이 일어나게 되었습니다. 바나바의 동역이 사울을 복음 전하는 자로 세워 그리스도의 교회에 부흥이 일어나게 한 것입니다. 이처럼 우리의 작은 동역이 하나님 나라 확장에 크게 쓰임 받는다는 사실을 알고 그리스도의 일에 동역하는 사람이 되기를 소망합니다.

나눔의 시간

누군가의 도움 덕분에 일을 성공적으로 마친 적이 있습니까? 또는 나의 작은 도움이 다른 사람에게 큰 도움이 되었을 때가 있습니까?

결단의 시간

사울처럼 우리 주변에는 도움이 필요한 사람들이 있습니다. 소외되고 도움이 필요한 사람들에게 바나바와 같은 동역자가 되어 주기로 결단합시다.

함께하는 기도

하나님 아버지, 바나바와 같은 가정이 되기를 소망합니다. 하나님의 나라를 위해 이웃 사랑을 실천하는 가정이 되기를 소망합니다. 우리 주변에 도움이 필요한 자들에게 힘을 줄 수 있는 믿음과 용기를 주옵소서. 예수님의 이름으로 기도합니다. 아멘.

암송 말씀

> 바나바가 데리고 사도들에게 가서 그가 길에서 어떻게 주를 보았는지와 주께서 그에게 말씀하신 일과 다메섹에서 그가 어떻게 예수의 이름으로 담대히 말하였는지를 전하니라 _ 행 9:27

주기도문

복음전파와 선교

11월 14일

듣든지 아니 듣든지

신앙고백 | 사도신경
찬송 | 86, 94장
본문 말씀 | 사도행전 20장 26-27절

> 그러므로 오늘 여러분에게 증언하거니와 모든 사람의 피에 대하여 내가 깨끗하니 이는 내가 꺼리지 않고 하나님의 뜻을 다 여러분에게 전하였음이라

"모든 사람의 피에 대하여 내가 깨끗하니"라는 말은 구약성경의 선지서에 근거하고 있습니다. 구약 시대의 선지자는 사람들이 듣든지 아니 듣든지 하나님의 말씀을 가감 없이 전해야 했습니다. 만일 전하지 않아서 사람들이 회개하지 못하고 죄 가운데 죽는다면 하나님은 그 피 값을 선지자에게서 찾겠다고 말씀하셨기 때문입니다.

"가령 내가 악인에게 말하기를 너는 꼭 죽으리라 할 때에 네가 깨우치지 아니하거나 말로 악인에게 일러서 그의 악한 길을 떠나 생명을 구원하게 하지 아니하면 그 악인은 그의 죄악 중에서 죽으려니와 내가 그의 피 값을 네 손에서 찾을 것이고" 겔3:18.

사도 바울은 구약의 선지자처럼 강한 의무감을 가지고 예수 그리스도의 복음을 전했습니다. 그는 사람들이 복음을 받아들일 것인가, 받아들이지 않을 것인가 하는 결과에 신경 쓰지 않고 다만 하나님의 말씀을 전하는 데 혼신의 노력을 기울였습니다. 그래서 바울은 모든 사람의 피에 대하여 깨끗하다고 자신 있게 말할 수 있었던 것입니다.

우리도 이렇게 사도 바울처럼 주님의 복음을 전해야 합니다. 결과는 하나님에게 맡기고 사람들이 듣든지 아니 듣든지, 때를 얻든지 못 얻든지 복음전도의 사명에 최선을 다해야 합니다.

✋ 나눔의 시간

혹시 잘못될까봐 두려워 도전하지 못했던 일이 있습니까? 어떤 결과를 두려워 했습니까? 그때의 마음을 나눠 봅시다.

✋ 결단의 시간

믿음은 결과가 아닌 과정입니다. 믿음으로 하나님이 이루실 사명을 감당하기 위해 뛰어드는 것입니다. 복음 전파도 마찬가지입니다. 복음을 전할 기회가 생기면 복음을 전해야 합니다. 용기를 내서 복음을 전하기로 결단합시다.

✋ 함께하는 기도

하나님 아버지, 때를 얻든지 못 얻든지, 사람들이 듣든지 아니 듣든지 복음을 전할 수 있는 믿음이 있기를 원합니다. 전도의 열정을 갖기를 원합니다. 사도 바울처럼 "모든 사람의 피에 대하여 내가 깨끗하다"라고 말할 수 있도록 인도해 주옵소서. 예수님의 이름으로 기도합니다. 아멘.

✋ 암송 말씀

> 그러므로 오늘 여러분에게 증언하거니와 모든 사람의 피에 대하여 내가 깨끗하니 이는 내가 꺼리지 않고 하나님의 뜻을 다 여러분에게 전하였음이라 _행 20:26-27

✋ 주기도문

복음전파와 선교

11월 15일

눈높이 전도

신앙고백 | 사도신경
찬송 | 500, 502장
본문 말씀 | 고린도전서 9장 19-23절

> 내가 모든 사람에게서 자유로우나 스스로 모든 사람에게 종이 된 것은 더 많은 사람을 얻고자 함이라 유대인들에게 내가 유대인과 같이 된 것은 유대인들을 얻고자 함이요 율법 아래에 있는 자들에게는 내가 율법 아래에 있지 아니하나 율법 아래에 있는 자 같이 된 것은 율법 아래에 있는 자들을 얻고자 함이요 율법 없는 자에게는 내가 하나님께는 율법 없는 자가 아니요 도리어 그리스도의 율법 아래에 있는 자이나 율법 없는 자와 같이 된 것은 율법 없는 자들을 얻고자 함이라 약한 자들에게 내가 약한 자와 같이 된 것은 약한 자들을 얻고자 함이요 내가 여러 사람에게 여러 모습이 된 것은 아무쪼록 몇 사람이라도 구원하고자 함이니 내가 복음을 위하여 모든 것을 행함은 복음에 참여하고자 함이라

사도 바울은 복음을 전할 때 자신의 모습을 상황에 맞게 변화시켰습니다. 이방인에게는 이방인과 같은 모습으로, 유대인에게는 유대인의 모습으로 복음을 전했습니다.

중국 내지 선교회를 설립한 허드슨 테일러 J. Hudson Taylor 선교사는 중국옷을 입고 변발을 한 채 복음을 전했습니다. 우리나라 초창기 선교사들도 한국 사람의 마음을 얻기 위해 한복을 입고 갓을 쓰고 복음을 전했습니다.

이렇듯 우리도 상황에 맞게 복음을 전해야 합니다. 예를 들어, 밥을 먹을 때 인도에서는 손을, 중국에서는 젓가락을, 미국에서는 포크와 나이프를 사용하는 것처럼 복음을 전할 때도 마찬가지로 전도 대상자의 눈높이에 우리를 맞추어야 합니다. 즉 지식이 부족한 사람에게 복음을 전할 때와 지식이 많은 사람에게 복음을 전할 때는 그 방법이 달라야 합니다. 다시 말해 듣는 사람에게 맞춰서 복음을 전해야 합니다.

나눔의 시간

그리스도인이라는 이유로 제한되는 자유나 권리가 있습니까? 있다면 무엇입니까? 그럴 때 어떤 마음이 드는지 나눠 봅시다.

결단의 시간

다양한 사람에게 복음을 전하기 위해 자신을 여러 모습으로 변화시킨 사도 바울처럼, 오늘 우리가 복음을 위해 포기해야 할 권리가 있습니까? 그것을 포기하기로 결단하는 시간을 가집시다.

함께하는 기도

하나님 아버지, 믿음의 선진들처럼 복음을 증거하기 위해서라면 종이라도 될 수 있는 전도자의 자세를 갖기 원합니다. 듣는 자의 눈높이에 맞춰 복음을 증거할 수 있는 지혜와 명철을 허락해 주옵소서. 예수님의 이름으로 기도합니다. 아멘.

암송 말씀

> 내가 모든 사람에게서 자유로우나 스스로 모든 사람에게 종이 된 것은 더 많은 사람을 얻고자 함이라 _ 고전 9:19

주기도문

복음전파와 선교

11월 16일

주의 은혜의 해

신앙고백 | 사도신경

찬송 | 546, 549장

본문 말씀 | 누가복음 4장 16-19절

> 예수께서 그 자라나신 곳 나사렛에 이르사 안식일에 늘 하시던 대로 회당에 들어가사 성경을 읽으려고 서시매 선지자 이사야의 글을 드리거늘 책을 펴서 이렇게 기록된 데를 찾으시니 곧 주의 성령이 내게 임하셨으니 이는 가난한 자에게 복음을 전하게 하시려고 내게 기름을 부으시고 나를 보내사 포로 된 자에게 자유를, 눈 먼 자에게 다시 보게 함을 전파하며 눌린 자를 자유롭게 하고 주의 은혜의 해를 전파하게 하려 하심이라 하였더라

　이스라엘 백성은 50년에 한 번, 나팔을 불어 희년을 선포합니다. 희년에는 돈이 없어 종으로 팔려가 종살이를 하던 자도 자유를 얻어 제 집으로 돌아옵니다. 또한 빚 때문에 팔았던 토지와 집을 모두 돌려받습니다. 빚에서 완전히 자유케 되는 것입니다. 그러므로 형편이 어려워 땅을 잃고 노예가 된 사람들은 희년이 되기만을 손꼽아 기다립니다. 나팔이 울려 퍼질 때를 기다리는 것입니다. 그러므로 희년은 일생 중 가장 기쁜 해일 수밖에 없습니다.

　이처럼 주님께서 오신 것도 우리의 죄로 인해 사탄에게 빼앗긴 모든 것을 우리에게 되돌려 주시기 위함입니다. 우리는 예수님을 믿기만 하면 모든 죄에서 해방되어 자유를 누리게 됩니다. 뿐만 아니라 죄악, 가난, 질병 등에서 자유하게 됩니다.

따라서 구약에서 은혜의 해는 50년에 한 번이지만, 신약에서 은혜의 해는 1년 365일 전부입니다. 예수님을 믿기만 하면 항상 기쁨과 축복을 누릴 수 있기 때문입니다. 이 기쁜 소식을 들은 자들은 감사하며 땅끝까지 주의 은혜의 해를 전파해야 합니다.

나눔의 시간

예수님을 인격적으로 만났던 경험이 있습니까? 그때의 감격을 나눠 봅시다.

결단의 시간

모든 죄에서 놓여 평안을 누렸던 첫사랑과 잃어버린 열정을 회복해야 합니다. 우리 안에 이것들이 회복되도록 결단하고 회개하며 기도합시다.

함께하는 기도

하나님 아버지, 첫사랑의 감격이 회복되기를 원합니다. 주의 은혜를 생각만 해도 눈물이 나던 때를 기억하게 하여 주옵소서. 또한 그 사랑의 감격으로 전도할 수 있도록 인도해 주옵소서. 예수님의 이름으로 기도합니다. 아멘.

암송 말씀

> 주의 성령이 내게 임하셨으니 이는 가난한 자에게 복음을 전하게 하시려고 내게 기름을 부으시고 나를 보내사 포로 된 자에게 자유를, 눈 먼 자에게 다시 보게 함을 전파하며 눌린 자를 자유롭게 하고 주의 은혜의 해를 전파하게 하려 하심이라 하였더라 _ 눅 4:18-19

주기도문

복음전파와 선교

11월 17일

모범을 보여야 합니다!

신앙고백 | 사도신경

찬송 | 438, 441장

본문 말씀 | 마태복음 5장 14-16절

> 너희는 세상의 빛이라 산 위에 있는 동네가 숨겨지지 못할 것이요 사람이 등불을 켜서 말 아래에 두지 아니하고 등경 위에 두나니 이러므로 집 안 모든 사람에게 비치느니라 이같이 너희 빛이 사람 앞에 비치게 하여 그들로 너희 착한 행실을 보고 하늘에 계신 너희 아버지께 영광을 돌리게 하라

사도 바울은 사역을 하면서 "저는 성도들에게 물질로 피해를 입히지 않았으며, 성도들의 도움을 구하지 않고 자비량 선교를 했습니다."라고 말했습니다. 초대 교회 성도들은 모두 경제적으로 어려운 상황이었습니다. 그래서 바울은 어디를 가든지 그곳에 있는 사람들에게 부담을 주지 않으려고 본인이 직접 만든 천막을 팔아서 생긴 수입으로 선교를 했습니다. 이를 통해 그는 하나님의 백성을 돌보는 지도자가 물질적인 보상을 바라지 않고 행해야 함을 자신의 모범을 통해 보여 주었습니다.

사도 바울은 에베소 장로들에게 본을 보이는 지도자였습니다. 그는 세상의 부귀와 공명을 탐하지 말고 하나님이 베풀어 주신 것을 다른 사람과 나누고 약한 사람을 도우며 살아갈 것을 권면했습니다.

우리 모두가 다른 사람에게 본을 보이는 주님의 일꾼이 되어야 합니다. 우리가 본을 보이는 삶을 살아갈 때 가정과 직장, 학교가 아름다워집니다. 또한 예수님을 믿는 사람이 모범을 보여야 대한민국이 아름다워집니다.

나눔의 시간

삶의 터전에서 본이 되는 그리스도인이 있습니까? 그리스도인으로서 어떤 모범을 보이고 있습니까?

결단의 시간

그리스도인이 삶의 현장에서 그리스도인답게 사는 것도 선교입니다. 자신이 속한 공동체에서 모범이 될 만큼 정직하고 친절해야 합니다. 이를 위해 필요한 것은 무엇인지 생각해 보고 결단하는 시간을 가집시다.

함께하는 기도

하나님 아버지, 사도 바울처럼 모범이 되는 그리스도인이 되고 싶습니다. 빛과 소금의 역할을 감당할 수 있도록 인도해 주옵소서. 그리스도인답게 살아갈 수 있는 지혜와 믿음을 허락해 주옵소서. 예수님의 이름으로 기도합니다. 아멘.

암송 말씀

> 이같이 너희 빛이 사람 앞에 비치게 하여 그들로 너희 착한 행실을 보고 하늘에 계신 너희 아버지께 영광을 돌리게 하라 _마 5:16

주기도문

11월 18일

복음전파와 선교

복음의 증인

신앙고백 | 사도신경
찬송 | 510, 516장
본문 말씀 | 사도행전 26장 17-18절

> 이스라엘과 이방인들에게서 내가 너를 구원하여 그들에게 보내어 그 눈을 뜨게 하여 어둠에서 빛으로, 사탄의 권세에서 하나님께로 돌아오게 하고 죄 사함과 나를 믿어 거룩하게 된 무리 가운데서 기업을 얻게 하리라 하더이다

　바울은 그리스도의 종으로 부르심을 받은 이후 평생을 주님의 일에 충성하며 헌신했습니다. 오늘날 하나님에게 쓰임 받는 우리도 믿음으로 굳게 서서 종의 자세로 하나님을 섬겨야 합니다. 이전에 우리는 죄의 법을 따라 사는 사탄의 종이었습니다. 사탄은 우리 삶에서 기쁨과 평안을 도둑질하고, 온갖 저주의 씨앗을 뿌렸습니다. 그러나 하나님은 우리를 구원하셔서 놀라운 축복과 은혜를 누리며 살도록 해 주셨습니다. 따라서 하나님을 섬기는 종으로 사는 것은 첫째도 감사요, 둘째도 감사요, 마지막도 감사할 일입니다. 그러므로 하나님에게 절대적으로 순종하면서 하나님의 뜻을 따라 생명과 성령의 법 안에서 살아가야 합니다.

　또한 바울은 복음의 증인으로 부르심을 받았습니다. 증인은 하나님이 예수 그리스도를 통해 이루신 놀라운 구원의 역사를 증거하는 사람입니다. 예수님이 우리를 위해 생명을 주셨듯이 증인도 자신의 생명을 아끼지 않고 복음을 위해 헌신하도록 부름받은 사람입니다. 예수님은 복음을 전파하라는 지상

명령을 우리에게 주셨습니다. 그러므로 우리는 모두 예수 그리스도의 복음의 증인으로 삶을 살아야 합니다.

나눔의 시간

주님께서 삶 가운데 어떤 은혜를 주셨습니까? 주신 은혜를 기억하면서 감사하는 마음을 나눠 봅시다.

결단의 시간

주님이 주신 은혜에 감사하는 것은 하나님이 원하시는 일입니다. 또한 주님이 우리에게 원하시는 것은 복음을 증거하는 것입니다. 감사하며 복음을 전하기로 결단합시다.

함께하는 기도

하나님 아버지, 구원하신 은혜에 감사하는 삶이 되기를 소망합니다. 또한 주님께서 주신 사명을 잘 감당하기 원합니다. 복음의 증인이 될 수 있도록 인도해 주옵소서. 예수님의 이름으로 기도합니다. 아멘.

암송 말씀

이스라엘과 이방인들에게서 내가 너를 구원하여 그들에게 보내어 _ 행 26:17

주기도문

복음전파와 선교

11월 19일

치료하는 신앙

신앙고백 | 사도신경
찬송 | 185, 471장
본문 말씀 | 마가복음 16장 15-18절

> 또 이르시되 너희는 온 천하에 다니며 만민에게 복음을 전파하라 믿고 세례를 받는 사람은 구원을 얻을 것이요 믿지 않는 사람은 정죄를 받으리라 믿는 자들에게는 이런 표적이 따르리니 곧 그들이 내 이름으로 귀신을 쫓아내며 새 방언을 말하며 뱀을 집어올리며 무슨 독을 마실지라도 해를 받지 아니하며 병든 사람에게 손을 얹은즉 나으리라 하시더라

기독교 신앙은 치료하는 신앙입니다. 우리가 믿는 하나님은 치료하는 하나님이십니다. 주의 말씀을 듣고 지켜 행하면 주님은 지금도 우리를 치료해주십니다. 우리 마음의 병, 육신의 병, 환경의 병, 가정의 병을 치료해 주시는 것입니다.

예수님이 하신 사역의 3분의 2가 치료 사역이었습니다. 예수님은 천국 복음을 전파하시면서 귀신을 쫓아내시고 병을 고치셨습니다. 주님은 우리를 구원하신 하나님이자 우리를 치료하신 하나님이십니다.

예수 그리스도는 어제나 오늘이나 영원토록 동일하십니다. 동일한 주님께서 우리와 함께 계십니다. 그러므로 예수님을 믿고 의지하면, 그분의 보혈의 능력으로 모든 병에서 놓임을 받게 됩니다. 즉 예수님을 믿으면 우리 영혼이 잘됨같이 범사에 잘되며 강건하게 되는 은혜를 주십니다.

나눔의 시간

주님께서 마음의 병, 육신의 병, 환경의 병, 가정의 병을 치료해 주셨던 경험이 있습니까? 삶과 가정에서 주님의 도움이 필요한 부분이 있다면 나눠 봅시다.

결단의 시간

가족 중에 마음 또는 육신의 병으로 힘들어 하는 사람이 있습니까? 그 사람을 위해 기도하기로 결단합시다.

함께하는 기도

하나님 아버지, 믿는 자에게 주신 권세를 사용하여 복음을 증거하는 가정이 될 수 있도록 인도해 주옵소서. 예수님의 이름으로 기도합니다. 아멘.

암송 말씀

> 믿는 자들에게는 이런 표적이 따르리니 곧 그들이 내 이름으로 귀신을 쫓아내며 새 방언을 말하며 뱀을 집어올리며 무슨 독을 마실지라도 해를 받지 아니하며 병든 사람에게 손을 얹은즉 나으리라 하시더라 _막 16:17-18

주기도문

복음전파와 선교

11월 20일

때를 얻든지 못 얻든지

신앙고백 | 사도신경
찬송 | 144, 505장
본문 말씀 | 디모데후서 4장 1-2절

> 하나님 앞과 살아 있는 자와 죽은 자를 심판하실 그리스도 예수 앞에서 그가 나타나실 것과 그의 나라를 두고 엄히 명하노니 너는 말씀을 전파하라 때를 얻든지 못 얻든지 항상 힘쓰라 범사에 오래 참음과 가르침으로 경책하며 경계하며 권하라

삶이 끝난 후에 예수님을 믿는 사람과 믿지 않는 사람이 맞을 결말은 엄청나게 다릅니다. 예수님을 믿는 사람은 천국에서 영원히 주님과 함께 살고 예수님을 믿지 않는 사람은 영원히 지옥에서 고통 받게 됩니다.

그러므로 우리는 삶의 모든 순간에 복음을 전파해야 합니다. 직장에서 함께 일하는 사람에게, 마트에서 계산하는 직원에게, 학교에서 사귄 친구에게 대상을 가리지 말고 예수님을 전해야 합니다. 자녀에 관한 이야기, 직장에 관한 이야기, 그리고 세상적인 관심사나 이슈에 대해서 말하라면 시간이 부족할 정도로 할 말이 많은데 예수님을 전하려고만 하면 말문이 막힌다면 분명히 잘못된 것입니다.

복음 전파는 '지금', '여기서', '나를 통해' 이루어져야 합니다. 하나님은 '오늘', '내 삶의 현장에서', '나를 통해' 복음이 전파되고, 믿지 않는 사람들이 예수님을 영접하기를 원하십니다. 왜냐하면 하나님은 '지금' 나에게 축복하시고, '내 삶의 현장'에서 일하시며, '나'를 사용하기를 원하시기 때문입니다.

🤚 나눔의 시간

하루 시간 중에서 가장 많은 시간을 소비하는 일은 무엇입니까? 이를 통해 지금 우리의 삶을 지배하고 있는 것은 무엇인지 나눠 봅시다.

🤚 결단의 시간

복음을 전해야 할 삶의 현장은 어디입니까? 복음을 전해야 할 사람은 누구입니까? 주님께서 역사하실 것을 기대하면서 복음을 증거하기로 결단합시다.

🤚 함께하는 기도

하나님 아버지, 때를 얻든지 못 얻든지 복음을 전하기 원합니다. 지금 나를 통해 역사하시는 하나님의 은혜를 경험하기 원합니다. 오늘 우리의 삶의 현장이 복음의 생명으로 변화되도록 인도해 주옵소서. 예수님의 이름으로 기도합니다. 아멘.

🤚 암송 말씀

> 너는 말씀을 전파하라 때를 얻든지 못 얻든지 항상 힘쓰라 범사에 오래 참음과 가르침으로 경책하며 경계하며 권하라 _딤후 4:2

🤚 주기도문

복음전파와 선교

11월 21일

구원의 은혜

신앙고백 | 사도신경
찬송 | 320, 330장
본문 말씀 | 고린도전서 1장 18-21절

> 십자가의 도가 멸망하는 자들에게는 미련한 것이요 구원을 받는 우리에게는 하나님의 능력이라 기록된 바 내가 지혜 있는 자들의 지혜를 멸하고 총명한 자들의 총명을 폐하리라 하였으니 지혜 있는 자가 어디 있느냐 선비가 어디 있느냐 이 세대에 변론가가 어디 있느냐 하나님께서 이 세상의 지혜를 미련하게 하신 것이 아니냐 하나님의 지혜에 있어서는 이 세상이 자기 지혜로 하나님을 알지 못하므로 하나님께서 전도의 미련한 것으로 믿는 자들을 구원하시기를 기뻐하셨도다

　초대 교회의 메시지는 언제나 예수 그리스도 중심이었습니다. 그들은 어디를 가든지 예수님만 전파했습니다. 특히 예수 그리스도가 우리 죄를 대신 지고 십자가에 달려 죽으심을 증거했습니다. 베드로도 첫 설교에서 "그런즉 이스라엘 온 집은 확실히 알지니 너희가 십자가에 못 박은 이 예수를 하나님이 주와 그리스도가 되게 하셨느니라 하니라" 행 2:36라고 말하며 십자가에 달리신 예수님이 우리의 구원자이심을 선포했습니다.

　또한 믿음으로 십자가를 바라볼 때 구원의 은혜가 임한다고 선포했습니다. "친히 나무에 달려 그 몸으로 우리 죄를 담당하셨으니 이는 우리로 죄에 대하여 죽고 의에 대하여 살게 하려 하심이라 그가 채찍에 맞음으로 너희는 나음을 얻었나니" 벧전 2:24. 이처럼 우리는 십자가의 은혜로 죄에서 자유함을 얻었고, 하나님의 자녀가 되었습니다.

따라서 우리는 십자가의 은혜를 날마다 체험하는 신앙인이 되어야 합니다. 십자가의 은혜가 우리에게 구원의 확신을 주며 흔들리지 않는 믿음을 갖게 하기 때문입니다.

나눔의 시간

전도를 하다가 민망했던 적이 있습니까? 또는 전도를 하면서 하나님의 능력을 경험했던 적이 있습니까? 그때의 경험에 대해 나눠 봅시다.

결단의 시간

죄, 저주, 사망과 같은 내용이 수반되어야 하기에, 예수님의 십자가 이야기는 사람들이 듣기 좋아하는 이야기는 아닙니다. 그럼에도 십자가의 은혜를 선포하며 복음을 증거하기로 결단합시다.

함께하는 기도

하나님 아버지, 십자가의 도가 하나님의 능력임을 고백합니다. 아무리 힘들고 어려워도 십자가의 은혜를 전파하는 복음 전도자가 될 수 있도록 인도해 주옵소서. 예수님의 이름으로 기도합니다. 아멘.

암송 말씀

십자가의 도가 멸망하는 자들에게는 미련한 것이요 구원을 받는 우리에게는 하나님의 능력이라 _ 고전 1:18

주기도문

복음전파와 선교

11월 22일

디아코니아

신앙고백 | 사도신경
찬송 | 545, 546장
본문 말씀 | 사도행전 11장 25-30절

> 바나바가 사울을 찾으러 다소에 가서 만나매 안디옥에 데리고 와서 둘이 교회에 일 년간 모여 있어 큰 무리를 가르쳤고 제자들이 안디옥에서 비로소 그리스도인이라 일컬음을 받게 되었더라 그 때에 선지자들이 예루살렘에서 안디옥에 이르니 그 중에 아가보라 하는 한 사람이 일어나 성령으로 말하되 천하에 큰 흉년이 들리라 하더니 글라우디오 때에 그렇게 되니라 제자들이 각각 그 힘대로 유대에 사는 형제들에게 부조를 보내기로 작정하고 이를 실행하여 바나바와 사울의 손으로 장로들에게 보내니라

글라우디오가 로마 황제로 재위 중이던 주후 44-48년에 극심한 흉년이 들었는데 이 흉년은 유대 지방에도 큰 타격을 주었습니다. 그러자 안디옥 교회는 유대 지역의 굶는 사람, 연약한 사람, 아픈 사람, 불쌍한 사람을 돕기로 결정했습니다. 안디옥 교회 성도들도 외지에서 어렵게 살고 있었지만, 그런 형편 가운데서도 예루살렘 교회를 돕기로 한 것입니다.

부조디아코니아 diakonia는 시중 또는 봉사의 의미가 있습니다. 즉 종이 주인을 시중드는 것처럼 함께 고통을 분담하는 것이 부조입니다. 안디옥 교회의 제자들은 각자의 형편에 맞게 부조를 보내기로 했습니다. 모든 교인이 참여하여 힘닿는 만큼 구제금을 모아 보내기로 한 것입니다.

이처럼 각자 자신의 능력에 따라 어려운 사람을 돕는 것이 참 그리스도인의 모습입니다. 또한 안디옥 교회가 예루살렘 교회에 부조를 모아 보낸 것은 예수 그리스도의 이름과 구원의 진리를 가르쳐 준 것에 대한 감사의 표시였습니다. 게다가 예루살렘 교회에 보낸 부조는 또한 안디옥의 이방인 그리스도인과 예루살렘의 유대인 그리스도인이 하나라는 사실을 표명하는 일이기도 했습니다. 인종과 국적, 문화와 언어를 뛰어넘어 누구든 믿음 안에서 형제자매로 하나가 될 수 있는 사람들이 그리스도인인 것입니다.

나눔의 시간

그리스도인으로 산다는 것은 어떤 의미가 있습니까? 그리스도인으로서 사랑을 실천해야 하는 부담감과 보람에 대해 나눠 봅시다.

결단의 시간

하나님의 영광을 위해 힘닿는 만큼 최선을 다해 부조할 것을 결단합시다. 선교지나 도움이 필요한 이웃에게 부조하기로 결단합시다.

함께하는 기도

하나님 아버지, 우리가 그리스도인답게 거룩하여지기 원합니다. 하나님의 사랑을 실천하기 원합니다. 선교헌금을 작정하오니 하나님나라의 확장을 위해 사용하여 주옵소서. 예수님의 이름으로 기도합니다. 아멘.

암송 말씀

제자들이 각각 그 힘대로 유대에 사는 형제들에게 부조를 보내기로 작정하고 _행 11:29

주기도문

11월 23일

복음전파와 선교

빌라델비아 교회의 축복

신앙고백 | 사도신경
찬송 | 524, 528장
본문 말씀 | 요한계시록 3장 10-13절

> 네가 나의 인내의 말씀을 지켰은즉 내가 또한 너를 지켜 시험의 때를 면하게 하리니 이는 장차 온 세상에 임하여 땅에 거하는 자들을 시험할 때라 내가 속히 오리니 네가 가진 것을 굳게 잡아 아무도 네 면류관을 빼앗지 못하게 하라 이기는 자는 내 하나님 성전에 기둥이 되게 하리니 그가 결코 다시 나가지 아니하리라 내가 하나님의 이름과 하나님의 성 곧 하늘에서 내 하나님께로부터 내려오는 새 예루살렘의 이름과 나의 새 이름을 그의 위에 기록하리라 귀 있는 자는 성령이 교회들에게 하시는 말씀을 들을지어다

본문은 빌라델비아 교회에 주신 말씀입니다. 특히 마지막 때에 선교하는 교회, 성령 충만한 교회, 그리고 모든 신실한 그리스도인에게 주신 말씀입니다. 빌라델비아 교회는 작은 능력을 가지고도 말씀을 지키며 복음을 증거하는 교회였습니다.

역사적으로 18-19세기(1750-1905)는 선교의 시대라고 할 수 있습니다. 이 기간에 전 세계에 복음이 전파되었기 때문입니다. 이 시기에 교회의 선교를 통해 복음이 유럽과 미국, 아시아 등 전 세계로 전파되었습니다. 그들이 복음을 전하는 곳마다 각 사람의 영혼이 회복되면서 사회가 변화되는 하나님의 강력한 역사가 나타났습니다.

이처럼 선교하는 교회는 부흥합니다. 전도하는 성도는 신앙이 성장하고,

하나님의 복을 받습니다. 전도는 주님이 맡긴 지상명령이며, 하나님이 제일 기뻐하는 일입니다. 그렇기 때문에 우리는 때를 얻든지 못 얻든지 복음을 전해야 합니다. 직접 선교사로 나가든지, 기도와 물질로 후원하는 선교사가 되든지 결단해야 합니다.

나눔의 시간

하나님의 일에 헌신하면서 큰 은혜를 받은 적이 있습니까? 하나님의 일에 대한 헌신이 가져다주는 기쁨과 유익에 대해서 나눠 봅시다.

결단의 시간

선교는 주님의 지상명령입니다. 우리 가정도 선교에 헌신하기로 결단합시다.

함께하는 기도

하나님 아버지, 오늘 우리 가정이 선교하는 가정이 되기를 소망합니다. 선교를 통해 하나님의 복을 누리는 가정이 되기를 원합니다. 그렇게 할 수 있도록 믿음과 용기를 허락해 주옵소서. 예수님의 이름으로 기도합니다. 아멘.

암송 말씀

> 이기는 자는 내 하나님 성전에 기둥이 되게 하리니 그가 결코 다시 나가지 아니하리라 내가 하나님의 이름과 하나님의 성 곧 하늘에서 내 하나님께로부터 내려오는 새 예루살렘의 이름과 나의 새 이름을 그이 위에 기록하리라 _ 계 3:12

주기도문

복음전파와 선교

11월 24일

복음과 재림

신앙고백 | 사도신경
찬송 | 175, 180장
본문 말씀 | 마태복음 24장 9-14절

> 그 때에 사람들이 너희를 환난에 넘겨주겠으며 너희를 죽이리니 너희가 내 이름 때문에 모든 민족에게 미움을 받으리라 그 때에 많은 사람이 실족하게 되어 서로 잡아 주고 서로 미워하겠으며 거짓 선지자가 많이 일어나 많은 사람을 미혹하겠으며 불법이 성하므로 많은 사람의 사랑이 식어지리라 그러나 끝까지 견디는 자는 구원을 얻으리라 이 천국 복음이 모든 민족에게 증언되기 위하여 온 세상에 전파되리니 그제야 끝이 오리라

지금 세계 선교는 '10/40창' Ten/Forty Window: 세계에서 가장 복음화가 안 된 지역으로 북위 10도에서 40도 사이의 아시아와 아프리카 지역을 일컫는 말 지역에 관심이 집중되고 있습니다. 이 지역의 공통적인 특징은 기아와 질병이 심각하고 교육의 혜택이 없는 빈민 지역이라는 것입니다. 또한 이들은 예수 그리스도의 복음에 대단히 수용적입니다.

주님은 복음이 온 세상에 증거 된 후에 다시 오시겠다고 약속하셨습니다. 세계 선교를 주도하는 선교학자들은 선교의 마지막 불모지인 이슬람권이 복음화 되는 기간을 약 12~15년으로 보고 있습니다. 이것은 최대 이슬람 국가인 인도네시아의 복음화 속도를 기준으로 추정한 수치입니다. 그러나 초대교회와 같은 성령의 역사가 나타나면 그 기간은 더 단축될 것이라는 분석도 있습니다. 그러나 그 때와 그 시는 아무도 모릅니다. 하나님의 주권에 속한 것이기 때문입니다.

그러므로 우리는 그 날을 간절히 기다리며 성령 안에서 교파를 초월한 하나의 선교 공동체를 이루어 세계 복음화에 총력을 기울여야 할 것입니다.

나눔의 시간

선교 여행을 가 본 적이 있다면 그 경험을 나눠 봅시다.

결단의 시간

10/40창 지역을 위해 우리 가정이 선교하기로 결단합시다. 중보기도와 물질적인 후원 등 우리가 할 수 있는 최선을 다하기로 결단합시다.

함께하는 기도

하나님 아버지, 주님 다시 오실 때까지 복음 증거하며 사명을 감당하기를 소망합니다. 주님의 다시 오심을 준비하는 재림 신앙을 소유할 수 있도록 인도해 주옵소서. 예수님의 이름으로 기도합니다. 아멘.

암송 말씀

이 천국 복음이 모든 민족에게 증언되기 위하여 온 세상에 전파되리니 그제야 끝이 오리라 _ 마 24:14

주기도문

11월 25일

복음전파와 선교

아름다운 저축

신앙고백 | 사도신경
찬송 | 455, 456장
본문 말씀 | 빌립보서 4장 17-20절

> 내가 선물을 구함이 아니요 오직 너희에게 유익하도록 풍성한 열매를 구함이라 내게는 모든 것이 있고 또 풍부한지라 에바브로디도 편에 너희가 준 것을 받으므로 내가 풍족하니 이는 받으실 만한 향기로운 제물이요 하나님을 기쁘시게 한 것이라 나의 하나님이 그리스도 예수 안에서 영광 가운데 그 풍성한 대로 너희 모든 쓸 것을 채우시리라 하나님 곧 우리 아버지께 세세 무궁하도록 영광을 돌릴지어다 아멘

사도 바울은 2차 전도 여행 중에 빌립보에 유럽 최초의 교회를 세웁니다. 그는 소란으로 인해 곧 그 도시를 떠나야만 했지만, 빌립보 교회의 교인들은 계속해서 사도 바울의 사역을 위한 후원을 아끼지 않았습니다. 특히 감옥에 갇혀 있는 사도 바울을 위해 에바브로디도 편에 후원금을 전달하기도 했습니다. 이러한 후원과 도움으로 사도 바울은 힘을 내서 하나님나라를 확장하는 일에 최선을 다할 수 있었습니다. 또한 빌립보 교회는 하나님의 은혜로 풍족한 삶을 누리게 되었습니다. 주님의 영광을 위해 땅의 것을 심은 결과로 하나님이 주시는 풍성한 열매를 맺게 된 것입니다.

이처럼 우리는 믿음을 저축해야 합니다. 어려울 때 기도하는 것도 중요하지만 오히려 평안할 때 더 기도에 힘써야 합니다. 물질로 헌신하며, 시간을 드려 주님을 섬기면서 영혼을 구원하여 주님께 인도하는 것에도 힘써야 합니다. 이 모든 것이 하나님이 주신 기회이기 때문입니다. 믿음과 사랑의 저축은 하나님이 기뻐 받으시는 천국 예금입니다.

나눔의 시간

우리가 하는 저축 _{미래를 위한 투자}에는 어떤 것이 있습니까? 천국을 위한 저축은 얼마나 하고 있는지 되돌아보고 회개하는 시간을 가집시다.

결단의 시간

선행과 구제하는 것이 중요합니다. 선행과 구제는 결국 하나님의 기적을 경험하는 통로가 됩니다. 하나님의 상급을 믿고 선교지나 도움이 필요한 이웃에게 천국 예금을 하기로 결단합시다.

함께하는 기도

하나님 아버지, 물질만 저축하는 가정이 아니라 천국을 위해 저축하는 영혼과 가정이 되도록 인도해 주옵소서. 하나님이 주시는 상을 받을 수 있도록 믿음을 주옵소서. 예수님의 이름으로 기도합니다. 아멘.

암송 말씀

> 나의 하나님이 그리스도 예수 안에서 영광 가운데 그 풍성한 대로 너희 모든 쓸 것을 채우시리라 _ 빌 4:19

주기도문

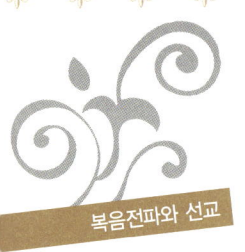

복음전파와 선교

11월 26일

주 예수께 받은 사명

신앙고백 | 사도신경
찬송 | 341, 357장
본문 말씀 | 사도행전 20장 22-24절

> 보라 이제 나는 성령에 매여 예루살렘으로 가는데 거기서 무슨 일을 당할지 알지 못하노라 오직 성령이 각 성에서 내게 증언하여 결박과 환난이 나를 기다린다 하시나 내가 달려갈 길과 주 예수께 받은 사명 곧 하나님의 은혜의 복음을 증언하는 일을 마치려 함에는 나의 생명조차 조금도 귀한 것으로 여기지 아니하노라

본문은 사도 바울의 고별 설교입니다. 3차 선교 여행을 마치고, 예루살렘으로 가기 전 에베소 교회의 장로들을 불러 마지막 메시지를 전합니다. "성령님께서 예루살렘으로 가는 길이 마지막 길이 될 거라고 말씀하셨습니다. 그러나 복음을 전하는 일보다 더 중요한 것은 없습니다. 설사 내 생명이라도." 사도 바울은 예루살렘 행을 막는 모든 사람에게 이렇게 단호하게 선포했던 것입니다.

결국 예루살렘에서 체포된 그는 로마에서 죽임을 당하게 됩니다. 그러나 중요한 것은 체포 되어 로마에서 처형되기 전까지 사도 바울을 통해 수많은 사람이 그리스도를 영접했으며 로마 교회는 그로인해 든든히 세워졌다는 사실입니다. 그가 예수님에게 받은 사명을 감당하기 위해 목숨을 바쳤을 때 하나님은 그에게 많은 생명을 구원하는 은혜를 주셨습니다.

우리의 사명 또한 마찬가지입니다. 힘들고 어렵더라도 맡겨진 십자가를 묵

묵히 감당하면 그 헌신을 통해 많은 열매가 맺힙니다. 또한 하나님나라가 확장되는 은혜도 더하게 될 것입니다.

🖐 나눔의 시간

그동안 나의 믿음을 위해 수고해 주셨던 분들이 있습니까? 그분들의 수고와 헌신에 대해 나누면서 감사한 마음을 나눠 봅시다.

🖐 결단의 시간

지금 있는 자리에서 할 수 있는 선교가 무엇인지 생각해 보고 가정예배 때마다 기도하며 선교를 위해 정기적으로 헌금하기로 결단합시다.

🖐 함께하는 기도

하나님 아버지, 사도 바울의 고귀한 헌신을 닮기 원합니다. 우리를 위해 목숨을 바쳤던 선교사님의 사랑에 감사하기 원합니다. 우리도 그런 사랑과 헌신으로 선교하는 가정이 되도록 인도해 주옵소서. 예수님의 이름으로 기도합니다. 아멘.

🖐 암송 말씀

> 내가 달려갈 길과 주 예수께 받은 사명 곧 하나님의 은혜의 복음을 증언하는 일을 마치려 함에는 나의 생명조차 조금도 귀한 것으로 여기지 아니하노라 _행 20:24

🖐 주기도문

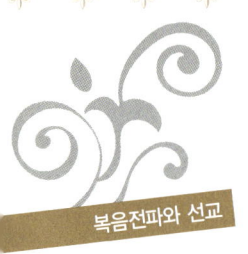

복음전파와 선교

11월 27일

사랑의 수고

신앙고백 | 사도신경
찬송 | 461, 539장
본문 말씀 | 데살로니가전서 1장 1-4절

> 바울과 실루아노와 디모데는 하나님 아버지와 주 예수 그리스도 안에 있는 데살로니가인의 교회에 편지하노니 은혜와 평강이 너희에게 있을지어다 우리가 너희 모두로 말미암아 항상 하나님께 감사하며 기도할 때에 너희를 기억함은 너희의 믿음의 역사와 사랑의 수고와 우리 주 예수 그리스도에 대한 소망의 인내를 우리 하나님 아버지 앞에서 끊임없이 기억함이니 하나님의 사랑하심을 받은 형제들아 너희를 택하심을 아노라

데살로니가 성도들은 사랑을 실천하되 수고와 고난을 마다하지 않았습니다. 수고란 육체적인 피로를 일으킬 만큼 '고된 일'을 하는 것으로 진정한 사랑에는 이러한 수고가 따릅니다. 예수님도 하나님의 사랑을 보이기 위해 십자가를 지는 수고를 감당하셨습니다.

데살로니가 교회의 성도는 주님으로부터 넘치는 큰 사랑을 받았다는 사실을 잘 알았기에 주님과 이웃을 위한 수고를 아끼지 않았습니다. 그들은 극심한 가난 중에도 넘치는 기쁨으로 풍성한 연보를 드려 병자와 굶주린 자, 나그네와 과부와 고아를 돌보고 구제했습니다. 뿐만 아니라 모진 박해를 이겨 내며 복음을 전하고 사랑을 실천하는 데 최선을 다했습니다.

이처럼 행동이 없으면 참 사랑이 아닙니다. 실천하지 않는 사랑이 아무리 가슴속에 뜨겁게 자리 잡고 있을지라도 그것은 진정한 사랑이 아닙니다. 사랑은 나누어 주는 삶이며 하나님은 나누어 주는 사람에게 은혜와 복을 주십니다.

나눔의 시간

누군가의 헌신 때문에 감동받은 적이 있습니까? 어떤 헌신이었습니까? 그때의 감동을 나눠 봅시다.

결단의 시간

믿지 않는 사람에게 보여 줄 수 있는 사랑의 수고에는 어떤 것이 있습니까? 도움이 필요한 사람을 위해 헌신하며 복음을 증거하기로 결단합시다.

함께하는 기도

하나님 아버지, 주님을 향한 믿음이 삶 가운데 역사를 이루어내는 산 믿음이 되게 하여 주옵소서. 사랑의 수고를 마다하지 않게 하시고, 모든 것을 아시는 주님에게 소망을 두고 인내하며 넉넉히 이기는 삶을 살게 하옵소서. 예수님의 이름으로 기도합니다. 아멘.

암송 말씀

> 너희의 믿음의 역사와 사랑의 수고와 우리 주 예수 그리스도에 대한 소망의 인내를 우리 하나님 아버지 앞에서 끊임없이 기억함이니 _살전 1:3

주기도문

11월 28일

복음전파와 선교

복음을 전파하는 계기

신앙고백 | 사도신경
찬송 | 324, 338장
본문 말씀 | 사도행전 8장 1-4절

> 사울은 그가 죽임 당함을 마땅히 여기더라 그 날에 예루살렘에 있는 교회에 큰 박해가 있어 사도 외에는 다 유대와 사마리아 모든 땅으로 흩어지니라 경건한 사람들이 스데반을 장사하고 위하여 크게 울더라 사울이 교회를 잔멸할새 각 집에 들어가 남녀를 끌어다가 옥에 넘기니라 그 흩어진 사람들이 두루 다니며 복음의 말씀을 전할새

　스데반 집사의 순교 후 예루살렘에 엄청난 핍박이 일어나자 성도들은 각 지역으로 흩어지게 되었습니다. 그들은 기도하는 가운데 핍박의 이유를 묵상하다가 머물러 있지 말고 흩어져 복음을 전하라는 하나님의 뜻임을 깨달았습니다.

　이러한 사명을 깨달은 이들은 흩어진 곳에서 복음을 전하기 시작했습니다. 이들을 통해 복음이 예루살렘을 넘어 유대와 사마리아와 땅 끝으로 전해지기 시작했습니다. 복음이 흩어진 이들에 의해 국경을 넘어 온 세계로 나아가기 시작한 것입니다.

　예수 그리스도가 십자가에 못 박혀 죽으심으로 하나님의 구원 계획이 완성되었듯이 교회가 당한 고난과 핍박으로 인한 흩어짐이 복음이 널리 전파되는 계기가 되었습니다. 이처럼 성도들이 당하는 고난은 영광스러운 미래를 위한 것으로 하나님이 더 큰 믿음과 축복을 주시기 위해 그리고 하나님의 큰일을 이루기 위해 허락하신 것입니다.

나눔의 시간

최근에 겪었던 고난은 어떤 것이었습니까? 그 고난이 어떤 의미였는지, 그리고 그 가운데 어떤 하나님의 손길을 경험했는지 나눠 봅시다.

결단의 시간

고난 중에 주신 하나님의 섭리와 은혜에 대해 간증하므로 같은 고난으로 힘들어 하는 가족이나 이웃을 위로하기로 결단합시다.

함께하는 기도

하나님 아버지, 고난도 하나님의 축복임을 기억하며 감사하기 원합니다. 고난 중에서도 은혜를 베푸시는 주님의 손길을 경험하여서 하나님의 섭리를 증거하는 그리스도인이 되도록 인도하여 주옵소서. 예수님의 이름으로 기도합니다. 아멘.

암송 말씀

그 흩어진 사람들이 두루 다니며 복음의 말씀을 전할새 _행 8:4

주기도문

11월 29일

복음전파와 선교

진리로 인한 자유

신앙고백 | 사도신경
찬송 | 272, 289장
본문 말씀 | 요한복음 8장 32-37절

> 진리를 알지니 진리가 너희를 자유롭게 하리라 그들이 대답하되 우리가 아브라함의 자손이라 남의 종이 된 적이 없거늘 어찌하여 우리가 자유롭게 되리라 하느냐 예수께서 대답하시되 진실로 진실로 너희에게 이르노니 죄를 범하는 자마다 죄의 종이라 종은 영원히 집에 거하지 못하되 아들은 영원히 거하나니 그러므로 아들이 너희를 자유롭게 하면 너희가 참으로 자유로우리라

복음에는 병과 저주에서 벗어나게 하는 구원의 능력이 있습니다. 그래서 빌립이 복음을 증거할 때 사마리아 성은 큰 기쁨으로 가득하게 되었습니다. "많은 사람에게 붙었던 더러운 귀신들이 크게 소리를 지르며 나가고 또 많은 중풍병자와 못 걷는 사람이 나으니 그 성에 큰 기쁨이 있더라"행 8:7~8. 복음으로 인해 더러운 귀신들이 나가면서 불치병이 나음을 받았기 때문입니다.

인간의 지성, 이성, 인격으로 사람을 구원하지 못합니다. 공부를 많이 해서 많은 지식이 있다 할지라도 더러운 영을 내쫓지는 못합니다. 현대의 발달된 의학으로도 더러운 영에 사로잡힌 사람을 구해 내지 못합니다. 그러나 복음이 들어오면 더러운 귀신이 떠나갑니다. 또한 복음이 선포될 때 병이 고침 받는 역사가 일어납니다. 예수님의 구원에는 영적인 구원뿐 아니라 육적인 구원도 포함되는 것입니다. "사랑하는 자여 네 영혼이 잘됨 같이 네가 범사에

잘되고 강건하기를 내가 간구하노라" 요삼 1:2. 예수 그리스도를 전하면 우리 가정에도 이러한 놀라운 기적이 일어날 수 있습니다.

나눔의 시간

최근 복음으로 우울함이나 외로움을 극복한 적이 있습니까? 힘들고 괴로울 때 하나님의 말씀으로 위로를 받은 경험이 있다면 나눠 봅시다.

결단의 시간

혹시 가족이나 이웃 중에 육체적으로나 정신적으로 고통 당하는 사람이 있습니까? 그를 위해서 중보하며 능력의 복음을 선포하기로 결단합시다.

함께하는 기도

하나님 아버지, 복음에는 능력이 있음을 믿습니다. 복음의 능력으로 고통과 절망 가운데 있는 영혼과 육체가 회복되기를 원합니다. 우리 가정이 강건하도록 은혜를 내려 주옵소서. 예수님의 이름으로 기도합니다. 아멘.

암송 말씀

> 진리를 알지니 진리가 너희를 자유롭게 하리라 _요 8:32

주기도문

복음전파와 선교

11월 30일

하나님이 부르실 때

신앙고백 | 사도신경
찬송 | 538, 544장
본문 말씀 | 사무엘상 3장 7-10절

> 사무엘이 아직 여호와를 알지 못하고 여호와의 말씀도 아직 그에게 나타나지 아니한 때라 여호와께서 세 번째 사무엘을 부르시는지라 그가 일어나 엘리에게로 가서 이르되 당신이 나를 부르셨기로 내가 여기 있나이다 하니 엘리가 여호와께서 이 아이를 부르신 줄을 깨닫고 엘리가 사무엘에게 이르되 가서 누웠다가 그가 너를 부르시거든 네가 말하기를 여호와여 말씀하옵소서 주의 종이 듣겠나이다 하라 하니 이에 사무엘이 가서 자기 처소에 누우니라 여호와께서 임하여 서서 전과 같이 사무엘아 사무엘아 부르시는지라 사무엘이 이르되 말씀하옵소서 주의 종이 듣겠나이다 하니

　본문에서 주님이 세 번이나 사무엘을 부르십니다. 그러나 어린 사무엘은 주님의 음성을 분별하지 못하여 엘리에게 "나를 부르셨습니까?"라고 질문합니다. 엘리 제사장은 그것이 하나님의 음성임을 깨닫고 하나님이 부르시면 "여호와여 말씀하옵소서 주의 종이 듣겠나이다"라고 대답하라고 가르쳐 줍니다. 이에 사무엘은 하나님이 다시 부르실 때 엘리 제사장이 가르쳐준 대로 대답합니다. 이러한 순종이 사무엘을 이스라엘 역사 가운데 가장 위대한 사사이자 선지자로 세운 것입니다.

　이처럼 주님께 쓰임 받기 위해 중요한 것은 능력이나 재능이 아니라 주님 뜻에 순종하는 태도입니다. 아브라함이 믿음의 조상이 될 수 있었던 이유도 어디로 가야 할지 알지 못하더라도 하나님의 말씀에 순종하여 지시하신 땅으로 나아갔기 때문입니다. 그러므로 하나님의 말씀에 순종하는 것만이 하나님의 역사에 동참하는 길입니다.

나눔의 시간

부르심 앞에서 주님이 주신 마음과 현실 사이에서 갈등한 적이 있습니까? 결국 어떤 결정을 내렸습니까? 그 과정에서 깨달은 것이 있다면 나눠 봅시다.

결단의 시간

우리는 사무엘처럼 하나님의 부르심에 절대적으로 순종해야 합니다. 하나님이 선교에 대해 주시는 마음이 있다면 순종하기로 결단합시다.

함께하는 기도

하나님 아버지, 하나님의 부르심에 순종하는 자녀가 될 수 있도록 인도해 주옵소서. 사무엘처럼 순종함으로 하나님의 사역에 동참하는 자가 되기 원합니다. 순종할 수 있는 믿음과 용기를 주옵소서. 예수님의 이름으로 기도합니다. 아멘.

암송 말씀

여호와께서 임하여 서서 전과 같이 사무엘아 사무엘아 부르시는지라 사무엘이 이르되 말씀하옵소서 주의 종이 듣겠나이다 하니 _삼상3:10

주기도문

중보 기도 _섬김

December

12월

December

12월 1일

중보 기도 _ 섬김

그리스도 예수의 마음

신앙고백 | 사도신경
찬송 | 86, 455장
본문 말씀 | 빌립보서 2장 1-5절

> 그러므로 그리스도 안에 무슨 권면이나 사랑의 무슨 위로나 성령의 무슨 교제나 긍휼이나 자비가 있거든 마음을 같이하여 같은 사랑을 가지고 뜻을 합하며 한마음을 품어 아무 일에든지 다툼이나 허영으로 하지 말고 오직 겸손한 마음으로 각각 자기보다 남을 낫게 여기고 각각 자기 일을 돌볼뿐더러 또한 각각 다른 사람들의 일을 돌보아 나의 기쁨을 충만하게 하라 너희 안에 이 마음을 품으라 곧 그리스도 예수의 마음이니

그리스도 안에서 연합하는 것은 매우 중요합니다. 연합이 사탄을 이기는 비결이기 때문입니다. 성도의 연합을 위해서는 겸손해야 합니다. 자신을 낮추고 다른 사람을 존중하는 것이 필요합니다. 또한 자신의 일에 충실할 뿐만 아니라 이웃의 필요를 돌아봄으로써 그리스도의 사랑을 나누어야 합니다. 분열을 일으키는 이기심과 선입견, 질투심을 버리고 다른 형제의 필요에 관심을 기울여야 합니다.

겸손의 비결은 그리스도의 마음을 품는 것입니다. 예수님은 피조물인 인간이 되셨으며 십자가에 죽기까지 자신을 낮추어 순종의 본을 보여 주셨습니다. 예수님은 원래 성품이나 본질등 모든 면에서 하나님과 동등한 분이셨습니다. 그러나 우리와 같은 사람이 되시기 위해 종의 신분이 되셨습니다. 그러므로 그리스도의 십자가는 하나님에 대한 온전한 순종과 예수님의 겸손을 보여 줍니다. 즉, 예수님은 죽기까지 하나님 아버지에게 복종하셨던 것입니다.

이처럼 형제를 섬기기 위해 자신의 권리마저 포기할 수 있는 마음이 그리스도의 마음입니다. 낮아짐은 반드시 자기희생이 뒤따르기 마련입니다.

나눔의 시간

우리가 가정에서 어떤 배려를 받고 있고, 그 배려가 우리 삶에 어떤 영향을 줍니까? 가정에서 받고 있는 배려에 대해 감사한 마음을 나눠 봅시다.

결단의 시간

다른 사람을 배려하기 위해서는 겸손이 필요하고, 겸손하기 위해서는 그리스도의 마음이 필요합니다. 그리스도의 마음을 품기 위해 우리에게 필요한 것은 무엇입니까? 또한 예수님의 사랑과 순종을 본받기 위해 실천해야 할 것은 무엇입니까?

함께하는 기도

하나님 아버지, 주님의 사랑과 순종을 본받기 원합니다. 우리가 겸손하게 서로를 섬길 수 있도록 인도해 주옵소서. 서로를 배려하고 섬기며 하나가 될 수 있도록 역사해 주옵소서. 예수님의 이름으로 기도합니다. 아멘.

암송 말씀

너희 안에 이 마음을 품으라 곧 그리스도 예수의 마음이니 _빌 2:5

주기도문

중보 기도 _ 섬김

12월 2일

그리스도를 따르는 삶

신앙고백 | 사도신경

찬송 | 320, 338장

본문 말씀 | 베드로전서 2장 21-24절

> 이를 위하여 너희가 부르심을 받았으니 그리스도도 너희를 위하여 고난을 받으사 너희에게 본을 끼쳐 그 자취를 따라오게 하려 하셨느니라 그는 죄를 범하지 아니하시고 그 입에 거짓도 없으시며 욕을 당하시되 맞대어 욕하지 아니하시고 고난을 당하시되 위협하지 아니하시고 오직 공의로 심판하시는 이에게 부탁하시며 친히 나무에 달려 그 몸으로 우리 죄를 담당하셨으니 이는 우리로 죄에 대하여 죽고 의에 대하여 살게 하려 하심이라 그가 채찍에 맞음으로 너희는 나음을 얻었나니

사람은 누구나 높아지기 원하고, 남에게 인정받고 대접받기 원합니다. 그래서 한 번 높은 자리에 올라가면 그 자리를 유지하려고 온갖 노력을 다합니다.

그러나 주님의 가르침은 정반대입니다. "내가 주와 또는 선생이 되어 너희 발을 씻었으니 너희도 서로 발을 씻어 주는 것이 옳으니라" 요 13:14. 주와 선생이신 예수님이 제자들의 발을 씻어주셨습니다. 하나님의 아들이신 그분이 하늘 영광을 다 버리고 이 땅에 오셔서 제자들의 발을 씻기기까지 낮아지셨습니다. 그러므로 우리도 주님처럼 낮아져서 종의 자세를 취하는 것이 마땅합니다.

부흥의 비결은 하나님의 말씀에 순종하는 것입니다. 신앙 성장도 말씀에 순종하는 것과 정비례합니다. 예수님이 우리를 위해 십자가를 지면서까지 섬기셨던 것처럼 우리도 이웃을 섬기며 나아갈 때 신앙이 성장하는 것입니다.

💗 나눔의 시간

가정에서 요리, 청소, 빨래, 설거지 등은 누가 하고 있습니까? 이러한 집안일을 누군가가 하지 않으면 어떻게 되겠습니까? 우리가 누리는 음식, 청결, 편리함에 대해 감사하는 마음을 표현해 봅시다.

💗 결단의 시간

가정이나 직장에서 눈에 보이지 않거나 아무도 하고 싶어 하지 않는 일이 있습니까? 그것은 바로 그리스도를 따르는 우리가 섬겨야 할 일입니다. 결단하고 실천합시다.

💗 함께하는 기도

하나님 아버지, 예수님처럼 섬기는 자가 되기를 소망합니다. 아무도 주목하지 않지만 반드시 해야만 하는 일을 이름 없이 빛도 없이 감당하기 원합니다. 예수님의 섬김으로 온 인류가 구원받은 것처럼 우리의 작은 섬김으로 가정과 이웃과 지역사회가 사랑으로 회복될 수 있게 하옵소서. 예수님의 이름으로 기도합니다. 아멘.

💗 암송 말씀

> 이를 위하여 너희가 부르심을 받았으니 그리스도도 너희를 위하여 고난을 받으사 너희에게 본을 끼쳐 그 자취를 따라오게 하려 하셨느니라 _벧전 2:21

💗 주기도문

중보 기도 _ 섬김

12월 3일

세상의 소금

신앙고백 | 사도신경
찬송 | 324, 325장
본문 말씀 | 마태복음 5장 11-13절

나로 말미암아 너희를 욕하고 박해하고 거짓으로 너희를 거슬러 모든 악한 말을 할 때에는 너희에게 복이 있나니 기뻐하고 즐거워하라 하늘에서 너희의 상이 큼이라 너희 전에 있던 선지자들도 이같이 박해하였느니라 너희는 세상의 소금이니 소금이 만일 그 맛을 잃으면 무엇으로 짜게 하리요 후에는 아무 쓸 데 없어 다만 밖에 버려져 사람에게 밟힐 뿐이니라

주님은 우리를 세상의 소금으로 보내셨습니다. 소금은 맛을 내게 하는 것입니다. 싱거운 음식에 소금을 치면 맛이 납니다. 그런데 신기한 것은 소금으로 인해 음식이 맛있어졌는데 소금이 맛있다고 하지 않고, 음식이 맛있다고 하는 것입니다. 마찬가지로 그리스도인이 세상에서 맛을 내면 우리가 나타나는 것이 아니라 예수님의 모습이 나타나게 됩니다.

소금이 맛을 내려면 녹아 없어져야 합니다. 마찬가지로 그리스도인도 자아를 내려놓고 주님의 영광을 위해 희생할 때 그 맛이 나는 것입니다. 1992년 '노벨 종교상'으로 일컬어지는 템플턴상을 수상한 한경직 목사는 삶을 통해 예수님의 사랑을 나타낸 사람이었습니다. 그는 가난한 사람을 보면 자신이 가진 돈을 기부했고, 헐벗은 사람을 보면 자신의 겉옷을 내어주었습니다. 언제나 자신보다 다른 사람을 먼저 생각하며 희생하는 모습을 통해 많은 사람에게 감동을 주었습니다. 이처럼 우리도 세상의 소금으로 다른 사람을 위해 헌신하고 희생하는 삶을 살아야 합니다.

나눔의 시간

영화나 드라마 또는 소설에서 인상 깊게 본 조연이 있습니까? 어떤 역할이었습니까? 그 조연이 특별히 기억나는 이유에 대해서 나눠 봅시다.

결단의 시간

그리스도인은 주인공이 아니라 조연처럼 사는 사람입니다. 유기성 목사의 〈나는 죽고 예수로 사는 사람〉이라는 책 제목처럼 내가 아니라 예수님을 위해 살아야 합니다. 십자가에서 죽어야 할 나의 모습은 무엇입니까?

함께하는 기도

하나님 아버지, 맛을 내는 소금이 되기를 소망합니다. 나를 내려놓고 주님만 높이는 삶과 가정이 되기 원합니다. 세상의 주인공이 아닌 예수님의 조연이 되기를 소망하는 겸손과 믿음을 허락해 주옵소서. 예수님의 이름으로 기도합니다. 아멘.

암송 말씀

> 너희는 세상의 소금이니 소금이 만일 그 맛을 잃으면 무엇으로 짜게 하리요 후에는 아무 쓸 데 없어 다만 밖에 버려져 사람에게 밟힐 뿐이니라 _마 5:13

주기도문

중보 기도 _ 섬김

12월 4일

예수님의 가족

신앙고백 | 사도신경

찬송 | 455, 456장

본문 말씀 | 마가복음 3장 31-35절

> 그 때에 예수의 어머니와 동생들이 와서 밖에 서서 사람을 보내어 예수를 부르니 무리가 예수를 둘러 앉았다가 여짜오되 보소서 당신의 어머니와 동생들과 누이들이 밖에서 찾나이다 대답하시되 누가 내 어머니이며 동생들이냐 하시고 둘러 앉은 자들을 보시며 이르시되 내 어머니와 내 동생들을 보라 누구든지 하나님의 뜻대로 행하는 자가 내 형제요 자매요 어머니이니라

예수님이 귀신들렸다는 소문이 나자, 예수님의 가족은 예수님을 집으로 데려 가기 위해 찾아옵니다. 말씀을 전하고 있는 예수님에게 가족이 찾아왔다고 전하자 예수님은 뜻밖의 말씀을 하십니다. "누가 내 어머니이며 동생들이냐 보라 누구든지 하나님의 뜻대로 행하는 자가 내 형제요 자매요 어머니이니라." 혈육이 아니라 하나님의 말씀대로 사는 사람이 예수님의 가족이라는 것입니다.

그리스도인에게 요구되는 삶은 하나님의 뜻대로 사는 삶입니다. 성공하고 인정받는 삶 대신 하나님의 뜻이라면 무조건 순종하는 삶을 살아야 합니다. 이것이 바로 제자의 삶입니다. 실제로 초대 교회 그리스도인은 자신의 소유를 팔아 가난한 자, 고아, 과부, 나그네를 대접하였으며 예수님의 말씀이라면 무엇이든 순종하였습니다. 그리하여 그들은 예수님의 가족임을 나타내었습니다.

이처럼 예수님의 가족이 되기 원한다면 주님의 말씀에 순종해야 합니다.

우리 주위의 도움이 필요한 사람에게 온정의 손길을 나누어야 합니다.

나눔의 시간

가족처럼 여기는 친구나 이웃이 있습니까? 왜 그들을 남이 아니라 가족처럼 여깁니까? 그들에게 그러한 친밀감을 느끼는 이유는 무엇입니까?

결단의 시간

가족은 인간이 느끼는 가장 안전한 울타리입니다. 가족과 함께 있을 때 필요한 음식을 공급받으며 외부의 공격으로부터 보호받기 때문입니다. 예수님의 가족도 마찬가지로 도움이 필요한 사람을 돕고 보호해야 합니다. 오늘 우리가 예수님의 가족으로서 보호하고 섬겨야 할 사람은 누구입니까? 그들에게 어떤 섬김이 필요합니까?

함께하는 기도

하나님 아버지, 우리가 예수님의 가족이기를 원합니다. 주님의 뜻대로 섬기고 사랑하며 돕기 원합니다. 우리의 도움이 필요한 사람을 보게 하시며 그들에게 필요한 것을 공급할 수 있는 마음과 물질을 허락해 주옵소서. 예수님의 사랑과 은혜가 넘치는 가정이 되도록 인도해 주옵소서. 예수님의 이름으로 기도합니다. 아멘.

암송 말씀

누구든지 하나님의 뜻대로 행하는 자가 내 형제요 자매요 어머니이니라 _막 3:35

주기도문

중보 기도 _ 섬김

12월 5일

돌봄과 나눔

신앙고백 | 사도신경
찬송 | 520, 524장
본문 말씀 | 사도행전 4장 32-35절

> 믿는 무리가 한마음과 한 뜻이 되어 모든 물건을 서로 통용하고 자기 재물을 조금이라도 자기 것이라 하는 이가 하나도 없더라 사도들이 큰 권능으로 주 예수의 부활을 증언하니 무리가 큰 은혜를 받아 그 중에 가난한 사람이 없으니 이는 밭과 집 있는 자는 팔아 그 판 것의 값을 가져다가 사도들의 발 앞에 두매 그들이 각 사람의 필요를 따라 나누어 줌이라

　우리 삶의 근본적인 모습은 섬김이 되어야 합니다. 섬김은 돌봄과 나눔으로 표현됩니다. 즉, 가진 것을 나누고 힘들고 어려운 사람을 돌보는 것입니다. 초대 교회 사역의 핵심은 바로 나눔과 돌봄이었습니다. 그들은 자신의 밭과 집을 팔아 필요에 따라 함께 사용했습니다. 모두 자신이 필요한 만큼만 재정을 사용했기 때문에 그들 중에 물질 때문에 어려움을 겪거나 돈의 노예가 되는 사람이 하나도 없었습니다. 그 결과 초대 교회 공동체에는 가난한 사람이 없게 되었습니다.

　빼앗아서라도 더 많이 얻고 부자가 되는 것이 미덕인 세상에서 초대 교회는 사랑의 돌봄과 나눔이 주는 진정한 부유함을 경험한 것입니다. 우리도 그들처럼 서로 사랑하고 돌보며 나누어야 합니다. 이것이 실천될 때 가정과 교회와 삶의 터전에서 의에 주리고 목마른 자만이 누릴 수 있는 배부름을 경험하게 될 것입니다.

🫴 나눔의 시간

과소비로 인해 어려움을 당한 적이 있습니까? 우리가 소비하는 것 중에 꼭 필요한 것과 필요하지 않은 것에 대해 나눠 봅시다.

🫴 결단의 시간

돌봄이 필요한 사람은 가까운 곳에 있습니다. 가정과 이웃, 교회와 직장 가운데 돌봄이 필요한 사람에게 사랑을 나누기로 결단합시다.

🫴 함께하는 기도

하나님 아버지, 사랑을 실천하는 가정이 되기 원합니다. 사랑의 나눔을 통해 우리 가정과 교회와 이웃의 삶에 주님이 주시는 풍성한 열매가 맺히기를 소망합니다. 돌봄과 나눔을 실천할 수 있는 믿음을 주옵소서. 예수님의 이름으로 기도합니다. 아멘.

🫴 암송 말씀

> 믿는 무리가 한마음과 한 뜻이 되어 모든 물건을 서로 통용하고 자기 재물을 조금이라도 자기 것이라 하는 이가 하나도 없더라 _행 4:32

🫴 주기도문

12월 6일

중보 기도 _ 섬김

이웃 사랑

신앙고백 | 사도신경

찬송 | 292, 295장

본문 말씀 | 마태복음 22장 36-40절

> 선생님 율법 중에서 어느 계명이 크니이까 예수께서 이르시되 네 마음을 다하고 목숨을 다하고 뜻을 다하여 주 너의 하나님을 사랑하라 하셨으니 이것이 크고 첫째 되는 계명이요 둘째도 그와 같으니 네 이웃을 네 자신 같이 사랑하라 하셨으니 이 두 계명이 온 율법과 선지자의 강령이니라

　예수님은 마음을 다하고 목숨을 다하고 뜻을 다하여 주 하나님을 사랑하는 것이 크고 첫째 되는 계명이라고 말씀하셨습니다. 이 세상을 살면서 가장 중요한 것은 하나님을 사랑하는 것입니다. 하나님을 사랑하는 것으로 인해 우리가 존재하는 것입니다. 또한 주님은 네 이웃을 네 자신같이 사랑하는 것이 둘째 계명이라고 말씀하셨습니다. 즉, 하나님을 사랑하는 마음이 이웃 사랑, 형제 사랑으로 나타나야 한다는 것입니다.

　우리가 사랑을 베풀어야 할 이웃은 강도 만난 이웃, 고난당하는 이웃, 질병 중에 고통당하는 이웃, 가진 것 없이 소외당한 이웃이며 이들은 모두 위로를 받아야 할 사람들입니다. 우리는 이웃을 존중하면서 누구도 부당하게 대하거나 무례히 대하지 말고 그들의 감정을 고의로 상하게 하지 말아야 합니다. 그리고 기회가 있을 때마다 이웃에게 선을 행해야 합니다.

　하나님이 십자가를 통해 자신의 사랑을 보여 주신 것처럼 우리도 이웃에게 사랑으로 하나님의 모습을 보여줄 수 있어야 합니다. 하나님의 자녀로서 이웃을 용서하고 사랑하며 살아가야 합니다.

🖐 나눔의 시간

굿피플, 컴패션, 월드비전, 유엔난민기구, 홀트아동복지회와 같이 어려운 이웃을 돕는 단체에 대해 들은 적이 있습니까? 후원하고 있습니까? 관심을 갖고 그들이 하는 일이 무엇이며 우리가 어떻게 도울 수 있는지 살펴봅시다.

🖐 결단의 시간

이웃을 사랑하기 위해서는 먼저 관심을 가져야 합니다. 그래야 그들의 필요가 보이고 선을 행할 수 있게 됩니다. 지금 이 시간 우리 가정이 할 수 있는 관심과 후원을 결단하고 실천합시다.

🖐 함께하는 기도

하나님 아버지, 하나님을 사랑하고, 이웃을 내 자신과 같이 사랑하는 가정이 될 수 있도록 인도해 주옵소서. 사랑을 실천할 수 있는 관심과 배려를 허락해 주옵소서. 후원하고 섬겨야 할 대상이 있다면 이 시간 결단하고 실천할 수 있도록 인도해 주옵소서. 예수님의 이름으로 기도합니다. 아멘.

🖐 암송 말씀

> 둘째도 그와 같으니 네 이웃을 네 자신 같이 사랑하라 하셨으니 _ 마 22:39

🖐 주기도문

중보 기도 _ 섬김

12월 7일

보아스의 밭

신앙고백 | 사도신경

찬송 | 425, 429장

본문 말씀 | 룻기 2장 1-3절

> 나오미의 남편 엘리멜렉의 친족으로 유력한 자가 있으니 그의 이름은 보아스더라 모압 여인 룻이 나오미에게 이르되 원하건대 내가 밭으로 가서 내가 누구에게 은혜를 입으면 그를 따라서 이삭을 줍겠나이다 하니 나오미가 그에게 이르되 내 딸아 갈지어다 하매 룻이 가서 베는 자를 따라 밭에서 이삭을 줍는데 우연히 엘리멜렉의 친족 보아스에게 속한 밭에 이르렀더라

베들레헴으로 온 나오미와 룻은 먹을 것이 없었습니다. 빈털터리였던 그들이 할 수 있는 일은 다른 사람의 밭에 가서 추수하다가 떨어진 이삭을 줍는 일뿐이었습니다. 그러나 나이가 많은 나오미는 일을 할 수 있는 형편이 아니었습니다. 그래서 룻은 나오미의 식량까지 주워야만 했습니다.

룻이 나오미를 섬기기 위해 일하러 간 곳은 보아스의 밭이었습니다. 보아스는 그들의 친척으로 베들레헴 최고의 부자 중 한 사람이었습니다. 룻은 그런 보아스의 밭에 가서 이삭을 줍게 되었고, 마침 보아스가 그 장면을 보게 되었습니다.

본문 3절을 보면 '마침'이라는 단어로 룻이 보아스의 밭에 간 것을 강조합니다. 이 표현은 룻의 걸음을 하나님이 인도하셨다는 것을 강조하기 위한 것입니다. 또한 주님은 이삭 줍는 룻의 모습을 보아스의 눈에 띄도록 인도하셨습니다. 그리하여 그녀를 도와줄 수 있는 친척인 보아스가 그녀를 보게 된 것입니다. 이것이 바로 하나님의 은혜입니다. 우리는 우연히 일어나는 일이라고 생각하지만 그 안에서 은혜와 기적을 베푸시는 분은 하나님이십니다.

나눔의 시간

세렌디피티 serendipity 란 뜻밖의 행운이라는 뜻입니다. 지금까지 경험한 세렌디피티가 있었습니까? 그 안에서 하나님의 섭리와 은혜를 발견했던 경험이 있었습니까?

결단의 시간

나오미를 섬김으로 룻의 삶은 은혜와 복이 넘치는 삶이 되었습니다. 하나님의 섭리와 은혜가 룻의 섬김 가운데 역사했기 때문입니다. 오늘 우리가 나오미와 같이 섬겨야 할 대상은 누구입니까?

함께하는 기도

하나님 아버지, 룻의 발걸음을 인도하신 것처럼 우리 삶에도 은혜를 베풀어 주시니 감사합니다. 하나님의 은혜를 항상 기억하며 감사하는 가정이 되게 하여 주옵소서. 마땅히 사랑하고 섬겨야 할 이웃을 섬길 때 주님이 주시는 복을 경험하도록 인도해 주옵소서. 예수님의 이름으로 기도합니다. 아멘.

암송 말씀

> 룻이 가서 베는 자를 따라 밭에서 이삭을 줍는데 우연히 엘리멜렉의 친족 보아스에게 속한 밭에 이르렀더라 _룻 2:3

주기도문

12월 8일

중보 기도 _ 섬김

섬김의 직분

신앙고백 | 사도신경

찬송 | 210, 213장

본문 말씀 | 에베소서 4장 11-12절

> 그가 어떤 사람은 사도로, 어떤 사람은 선지자로, 어떤 사람은 복음 전하는 자로, 어떤 사람은 목사와 교사로 삼으셨으니 이는 성도를 온전하게 하여 봉사의 일을 하게 하며 그리스도의 몸을 세우려 하심이라

주님은 각 성도에게 서로 다른 직분을 부여하여 어떤 사람은 사도로, 어떤 사람은 선지자로, 어떤 사람은 복음 전하는 자로, 어떤 사람은 목사와 교사로 삼으셨습니다.

'사도'란 '보내심을 받았다'라는 뜻으로 넓은 의미로 보면 우리 모두가 사도입니다. 우리는 하나님으로부터 그의 영광을 위해 복음을 전하라고 보내심을 받은 사람이기 때문입니다. 그러므로 우리는 가는 곳마다 예수 그리스도의 복음을 전하며 하나님의 영광을 나타내야 하는 것입니다. 한편 '선지자'란 말씀의 대언자로 가는 곳마다 하나님의 말씀을 선포하는 사람입니다. 또한 '복음 전하는 자'는 하나님의 복음을 전파하는 자로서 오늘날의 부흥사와 비슷한데 한곳에 머물며 사역하기보다 여러 지역을 다니며 성회를 인도하는 사람입니다. 그리고 '목사'는 목자의 개념으로 양을 돌보는 것처럼 성도를 돌보는 것이 사명입니다. 마지막으로 '교사'는 가르치는 사람으로 가르침의 은사가 있는 사람은 말씀을 잘 가르쳐서 다른 사람에게 많은 깨달음과 은혜를 줍니다. 이렇게 교회 내에는 다양한 직분이 있습니다. 각각의 직분은 자신을 드러내라고 주신 것이 아니라 섬김을 목적으로 주신 것임을 잊지 말아야 합니다.

나눔의 시간

자신이 가장 잘하는 봉사는 무엇입니까? 어떤 분야에서 어떻게 봉사할 때 다른 사람에게 도움이 됩니까?

결단의 시간

그리스도인으로서 가정과 직장과 교회 공동체를 위해 어떻게 섬겨야 합니까? 내게 요구되는 섬김이 무엇인지 생각해보고 결단하는 시간을 가집시다.

함께하는 기도

하나님 아버지, 우리에게 주신 은사와 직분을 섬기고 봉사하는데 사용하기 원합니다. 주님의 영광을 위해 헌신하고, 말씀이 전파되는데 쓰임받는 주님의 자녀가 될 수 있도록 인도해 주옵소서. 우리의 봉사와 헌신과 섬김을 통해 주님의 나라가 확장될 수 있도록 역사해 주옵소서. 예수님의 이름으로 기도합니다. 아멘.

암송 말씀

> 그가 어떤 사람은 사도로, 어떤 사람은 선지자로, 어떤 사람은 복음 전하는 자로, 어떤 사람은 목사와 교사로 삼으셨으니 _엡 4:11

주기도문

중보 기도 _ 섬김

12월 9일

우리가 할 일

신앙고백 | 사도신경
찬송 | 546, 549장
본문 말씀 | 사도행전 9장 39-42절

> 베드로가 일어나 그들과 함께 가서 이르매 그들이 데리고 다락방에 올라가니 모든 과부가 베드로 곁에 서서 울며 도르가가 그들과 함께 있을 때에 지은 속옷과 겉옷을 다 내보이거늘 베드로가 사람을 다 내보내고 무릎을 꿇고 기도하고 돌이켜 시체를 향하여 이르되 다비다야 일어나라 하니 그가 눈을 떠 베드로를 보고 일어나 앉는지라 베드로가 손을 내밀어 일으키고 성도들과 과부들을 불러 들여 그가 살아난 것을 보이니 온 욥바 사람이 알고 많은 사람이 주를 믿더라

욥바라는 곳에서 다비다라는 여인이 죽었습니다. 그녀는 착한 일을 많이 하며 가난한 사람을 섬기던 여제자였습니다. 다비다가 죽었을 때 그녀에게 도움을 받았던 사람들은 욥바로 와서 다비다를 살려달라고 베드로에게 부탁합니다. 부탁을 받은 베드로가 욥바로 와서 다비다를 위해 기도하려고 하는데 놀라운 광경이 펼쳐졌습니다.

다비다로부터 속옷과 겉옷을 선물 받았던 과부들이 그 옷을 가지고 와서 베드로에게 부탁을 하는 것입니다. 당시에 옷은 낮에는 태양을 가려주며 밤에는 추위를 막아주는 생필품이었지만 부자가 아닌 보통 사람은 한 벌 있을까 말까 했습니다.

다비다가 선물했던 옷은 과부들에게 단순히 선물이 아니라 꼭 그녀를 살려야만 하는 이유이자 흔적이었습니다. 우리 삶에도 이러한 흔적이 필요합니다. 우리를 죄와 사망, 가난과 불행에서 구원하신 예수 그리스도의 흔적이 필요합니다.

나눔의 시간

그리스도인으로서 가정과 학교 그리고 직장에서 어떤 흔적을 남겨야 한다고 생각합니까? 사람들에게 어떤 사람으로 기억되고 싶습니까?

결단의 시간

다비다가 도왔던 과부들처럼 섬겨야 할 이웃이 있습니까? 그들을 위해 우리가 해야 할 일은 무엇입니까? 이 시간 결단하고 실천합시다.

함께하는 기도

하나님 아버지, 다비다처럼 그리스도의 흔적을 가진 삶이 되기를 원합니다. 우리 삶의 자리에서 그리스도의 사랑과 은혜를 나누기 원합니다. 이를 위해 섬기고 헌신하기를 소망합니다. 그리스도의 향기를 내는 삶이 될 수 있도록 인도해 주옵소서. 예수님의 이름으로 기도합니다. 아멘.

암송 말씀

온 욥바 사람이 알고 많은 사람이 주를 믿더라 _행 9:42

주기도문

12월 10일

중보 기도 _ 섬김

믿음의 동역자

신앙고백 | 사도신경
찬송 | 407, 410장
본문 말씀 | 골로새서 1장 6-8절

이 복음이 이미 너희에게 이르매 너희가 듣고 참으로 하나님의 은혜를 깨달은 날부터 너희 중에서와 같이 또한 온 천하에서도 열매를 맺어 자라는도다 이와 같이 우리와 함께 종 된 사랑하는 에바브라에게 너희가 배웠나니 그는 너희를 위한 그리스도의 신실한 일꾼이요 성령 안에서 너희 사랑을 우리에게 알린 자니라

 하나님의 사역은 혼자 할 수 없습니다. 합력하여 선을 이루는 것이 하나님의 방법이기 때문입니다. 본문에서 사도 바울은 에바브라를 선교의 동역자로 소개합니다. 그는 실제로 골로새 지역에 복음을 전한 사람이었습니다. 바울의 전도를 통해 그리스도를 믿게 된 에바브라가 자신의 고향 골로새 지역에 복음을 증거하여 교회를 세웠던 것입니다. 그가 거짓 가르침의 출현으로 어려움을 당하는 골로새의 형편을 사도 바울에게 알려 골로새서를 보내도록 만들었습니다.

 이처럼 하나님의 사역은 에바브라와 같은 믿음의 동역자를 통해 더욱 풍성해집니다. 기러기는 항상 V자를 이루어 긴 여행길을 나섭니다. 목적지를 향해 갈 때 앞장서 가는 기러기를 뒤따라가는 기러기들이 박자를 맞추어 '콩, 콩' 하고 울어댑니다. 이것은 뒤쳐지지 않고 잘 따라가고 있으니 걱정하지 말라는 신호입니다. 리더 기러기에게 힘을 실어 주는 것입니다. 우리도 에바브라와 같은 믿음의 동역자가 되어 하나님의 사역을 더욱 풍성하게 하는 가정이 되기를 소망합니다.

💗 나눔의 시간

좋은 친구는 어떤 사람이라고 생각합니까? 함께 있어주는 사람, 공감해 주는 사람, 도움을 주는 사람은 모두 좋은 친구입니다. 좋은 친구가 되기 위해 어떻게 해야 할지 나눠 봅시다.

💗 결단의 시간

가장 좋은 동역은 자신의 자리를 지키는 것입니다. 우리가 지켜야 할 예배의 자리, 기도의 자리, 섬김의 자리, 헌신의 자리는 어디입니까?

💗 함께하는 기도

하나님 아버지, 에바브라의 동역이 골로새 교회를 세우고 건강하게 만들었음을 고백합니다. 우리도 에바브라처럼 믿음으로 동역하기 원합니다. 믿음으로 주님의 일을 감당하므로 가정과 교회와 나라가 회복되고, 부흥될 수 있도록 인도해 주옵소서. 예수님의 이름으로 기도합니다. 아멘.

💗 암송 말씀

이와 같이 우리와 함께 종 된 사랑하는 에바브라에게 너희가 배웠나니 그는 너희를 위한 그리스도의 신실한 일꾼이요 _골 1:7

💗 주기도문

중보 기도 _ 섬김

12월 11일

예수 그리스도의 종

신앙고백 | 사도신경
찬송 | 442, 445장
본문 말씀 | 로마서 1장 1-4절

> 예수 그리스도의 종 바울은 사도로 부르심을 받아 하나님의 복음을 위하여 택정함을 입었으니 이 복음은 하나님이 선지자들을 통하여 그의 아들에 관하여 성경에 미리 약속하신 것이라 그의 아들에 관하여 말하면 육신으로는 다윗의 혈통에서 나셨고 성결의 영으로는 죽은 자들 가운데서 부활하사 능력으로 하나님의 아들로 선포되셨으니 곧 우리 주 예수 그리스도시니라

　사도 바울은 로마서를 시작하면서 자신을 예수 그리스도의 종이라고 소개합니다. '종'이라는 말은 둘로스 doulos 라는 표현으로 '노예'라는 뜻입니다. 당시 노예는 아무런 힘도 권리도 없는 사람이었습니다. 당시 로마에는 '나귀와 노예의 유일한 차이는 나귀는 말을 못하는 짐승이고, 노예는 말을 하는 짐승이다'라는 유행어가 있을 정도로 노예는 짐승과 다르지 않았습니다.

　그런데 사도 바울은 자신을 '예수 그리스도의 종'이라고 표현합니다. 예수 그리스도의 종인 자신에게는 어떠한 권리도 없으며 오로지 하나님의 명령에 순종할 뿐이라는 것입니다. 하나님이 '가라' 하시면 그것이 죽음의 길이라도 가고, '멈추라' 하시면 그곳에 폭탄이 터져도 서 있는 것입니다. 그러나 예수 그리스도의 노예는 구원과 생명이 있습니다. 예수 그리스도를 믿으면 생명이 터져 나오기 때문입니다.

　우리가 주님과 교회를 섬길 때 그 안에서 생명의 역사가 일어납니다. 다시 말해 사도 바울처럼 우리의 권리를 포기하고 예수 그리스도의 종이 될 때 우리를 통해 하나님의 역사가 일어날 것입니다.

나눔의 시간

예수님 때문에 자신이 누릴 수 있는 권리를 포기한 적이 있습니까? 그것을 결정하기까지의 마음과 결과에 대해 나눠 봅시다.

결단의 시간

예수 그리스도의 종은 그분의 말씀에 절대 순종해야 합니다. 자신의 모든 권리를 포기하고 주님의 종이 되기로 결단합시다.

함께하는 기도

하나님 아버지, 예수 그리스도의 종이 되기 원합니다. 우리의 권리를 포기하고 생명을 잉태하며 구원을 선포하는 일에 모든 것을 헌신하는 종의 자세를 가질 수 있도록 인도해 주옵소서. 이 일을 감당할 수 있는 믿음과 용기를 허락해 주옵소서. 예수님의 이름으로 기도합니다. 아멘.

암송 말씀

> 예수 그리스도의 종 바울은 사도로 부르심을 받아 하나님의 복음을 위하여 택정함을 입었으니 _롬 1:1

주기도문

중보 기도 _ 섬김

12월 12일

오병이어

신앙고백 | 사도신경
찬송 | 286, 461장
본문 말씀 | 요한복음 6장 9-13절

> 여기 한 아이가 있어 보리떡 다섯 개와 물고기 두 마리를 가지고 있나이다 그러나 그것이 이 많은 사람에게 얼마나 되겠사옵나이까 예수께서 이르시되 이 사람들로 앉게 하라 하시니 그 곳에 잔디가 많은지라 사람들이 앉으니 수가 오천 명쯤 되더라 예수께서 떡을 가져 축사하신 후에 앉아 있는 자들에게 나눠 주시고 물고기도 그렇게 그들의 원대로 주시니라 그들이 배부른 후에 예수께서 제자들에게 이르시되 남은 조각을 거두고 버리는 것이 없게 하라 하시므로 이에 거두니 보리떡 다섯 개로 먹고 남은 조각이 열두 바구니에 찼더라

도시락 하나로 이백 데나리온이나 되는 비용이 필요했던 식사가 해결되었습니다. 한 데나리온은 당시 노동자의 하루 품삯이었습니다. 오늘날의 가치로 하루 품삯이 약 십만 원이라고 가정하면 이백 데나리온은 이천만 원 정도 되는 비용입니다. 그러므로 오천 원 정도 되는 도시락 하나로 이천만 원 정도의 비용이 드는 식사를 해결한 것입니다. 장정 오천 명을 포함해서 약 이만 명의 사람들의 식사가 해결되었습니다.

왜냐하면 오병이어가 주님의 손에 맡겨졌기 때문입니다. 아무리 계산해도 턱없이 부족한 것이었지만 오병이어가 주님의 손에 닿는 순간 그 가치는 단순한 오병이어가 아니었습니다. 주님은 미련한 것을 택하사 지혜 있는 자들을 부끄럽게 하시고, 세상의 약한 것을 택하사 강한 것을 부끄럽게 하시는 분입니다. 즉, 자신이 먹을 도시락을 주님과 다른 사람을 위해 헌신한 아이의 섬김이 큰 기적을 일으킨 것입니다.

우리도 마찬가지입니다. 우리의 섬김이 부족하다고 할지라도 하나님이 함께하시면 세상을 변화시키는 놀라운 일이 벌어질 것입니다. 우리 힘으로 할 수 없는 일이 하나님의 능력으로 이루어질 것입니다.

나눔의 시간

내 자신이나 다른 사람의 삶을 변화시켰던 헌금이나 헌신이 있었습니까? 받은 은혜를 기억하며 감사하는 시간을 가집시다.

결단의 시간

오병이어가 주님의 손에 맡겨졌을 때 하나님의 능력이 나타났습니다. 이처럼 우리가 우리의 것을 주님께 드릴 때 하나님의 은혜와 능력이 나타납니다. 이를 위해 하나님의 손에 맡겨야 할 것은 무엇입니까?

함께하는 기도

하나님 아버지, 우리의 오병이어를 주님께 드리기 원합니다. 우리의 섬김을 통해 하나님의 능력이 나타나기를 소망합니다. 하나님의 사랑이 우리 삶과 가정 가운데 나타날 수 있도록 인도해 주옵소서. 예수님의 이름으로 기도합니다. 아멘.

암송 말씀

> 여기 한 아이가 있어 보리떡 다섯 개와 물고기 두 마리를 가지고 있나이다 그러나 그것이 이 많은 사람에게 얼마나 되겠사옵나이까 _요 6:9

주기도문

중보 기도 _ 섬김

12월 13일

섬김의 목적

신앙고백 | 사도신경

찬송 | 96, 450장

본문 말씀 | 에베소서 4장 12-14절

> 이는 성도를 온전하게 하여 봉사의 일을 하게 하며 그리스도의 몸을 세우려 하심이라 우리가 다 하나님의 아들을 믿는 것과 아는 일에 하나가 되어 온전한 사람을 이루어 그리스도의 장성한 분량이 충만한 데까지 이르리니 이는 우리가 이제부터 어린 아이가 되지 아니하여 사람의 속임수와 간사한 유혹에 빠져 온갖 교훈의 풍조에 밀려 요동하지 않게 하려 함이라

하나님이 각 사람에게 적당한 직분을 주셔서 섬기게 하신 데에는 목적이 있습니다. 첫 번째 목적은 성도를 온전하게 하기 위함입니다. 성도를 온전하게 한다는 것은 성도를 바르게 세운다는 의미로 그리스도의 성품을 닮아 가게 한다는 뜻입니다. 그러므로 섬김의 직분을 받은 사람은 예수님을 구주로 영접한 새가족이 바른 믿음을 가지고 성장할 수 있도록 보살피며 도와주어야 합니다. 또한 그들이 성장하여 예수님을 닮아 가도록 봉사해야 합니다.

직분을 주셔서 섬기게 하신 두 번째 목적은 성도로 하여금 봉사의 일을 하게 하기 위함입니다. 직분은 명예가 아니라 사명이므로 내게 맡겨진 일이 무엇이든지 기쁨과 감사함으로 섬겨야 합니다. 그럴 때 주님이 허락하시는 복과 은혜를 누리는 삶을 살 수 있습니다.

나눔의 시간

교회에서 어떤 직분으로, 어떤 봉사를 하고 있습니까? 봉사를 하면서 자신의 믿음이 자라거나 성품이 변화된 경험이 있다면 나눠 봅시다.

결단의 시간

장로, 권사, 집사, 성도라는 이름은 명예가 아니라 봉사의 일을 하기 위한 직분입니다. 오늘 우리의 직분으로 섬기고 봉사할 일은 무엇입니까? 주님이 주신 사명을 기억하며 봉사하기로 결단합시다.

함께하는 기도

하나님 아버지, 오늘 우리에게 맡겨진 사명을 잘 감당하기 원합니다. 믿지 않는 사람을 주님에게 인도하며 양육하고 그를 위해 중보하는 사람이 되도록 인도해 주옵소서. 또한 그리스도의 몸 된 교회를 위해 기쁨과 감사함으로 봉사하는 가정이 되도록 역사해 주옵소서. 예수님의 이름으로 기도합니다. 아멘.

암송 말씀

> 이는 성도를 온전하게 하여 봉사의 일을 하게 하며 그리스도의 몸을 세우려 하심이라
> _엡 4:12

주기도문

중보 기도 _ 섬김

12월 14일

그의 죽으심을 본받아

신앙고백 | 사도신경

찬송 | 449, 453장

본문 말씀 | 빌립보서 3장 7-10절

> 그러나 무엇이든지 내게 유익하던 것을 내가 그리스도를 위하여 다 해로 여길뿐더러 또한 모든 것을 해로 여김은 내 주 그리스도 예수를 아는 지식이 가장 고상하기 때문이라 내가 그를 위하여 모든 것을 잃어버리고 배설물로 여김은 그리스도를 얻고 그 안에서 발견되려 함이니 내가 가진 의는 율법에서 난 것이 아니요 오직 그리스도를 믿음으로 말미암은 것이니 곧 믿음으로 하나님께로부터 난 의라 내가 그리스도와 그 부활의 권능과 그 고난에 참여함을 알고자 하여 그의 죽으심을 본받아

사도 바울은 당시 최고의 율법학자였던 가말리엘의 문하생이었으며 날 때부터 로마의 시민권자였습니다. 훌륭한 가문에 학벌까지 갖춘 그는 출세가 보장된 사람이었습니다.

그러나 그의 인생은 예수님을 만난 이후 완전히 변화되었습니다. 주님이 그의 인생의 전부가 되었고, 성공을 보장했던 유익한 것들이 배설물처럼 여겨지게 되었습니다. 실제로 그는 자신의 모든 권리를 예수님을 위해 포기하고 모든 고난과 환난 가운데서도 죽임을 당하는 순간까지 주님만을 섬기는 삶을 살았습니다.

왜냐하면 삶에서 가장 가치 있는 일이 예수님을 믿고 섬기는 일임을 깨달았기 때문입니다. 그리스도를 아는 지식이 그에게 가장 고상한 지식이었기 때문입니다. 우리도 이것을 깨달아야 합니다. 쉬지 말고 기도하면서 범사에 주님께 영광을 돌려야 합니다. 즉, 나는 죽고 예수님이 사시는 삶을 살아야 합니다. 그때, 사도 바울의 삶 가운데 역사하셨던 하나님을 우리 삶 속에서 만나게 되는 은혜를 경험하게 될 것입니다.

나눔의 시간

삶 가운데 가장 가치 있게 여기는 것은 무엇입니까? 왜 그것이 가치 있다고 생각하는지 나눠 봅시다.

결단의 시간

오늘 우리 가정이 주님을 섬기기 위해 포기해야 할 것은 무엇입니까? 주님의 영광을 위해 헌신하기로 결단합시다.

함께하는 기도

하나님 아버지, 우리의 성공보다 예수님에게 영광 돌리는 것이 삶의 목적이 되기를 소망합니다. 그리스도의 십자가를 본받는 가정이 될 수 있도록 인도해 주옵소서. 예수님의 이름으로 기도합니다. 아멘.

암송 말씀

> 내가 그리스도와 그 부활의 권능과 그 고난에 참여함을 알고자 하여 그의 죽으심을 본받아 _ 빌 3:10

주기도문

중보 기도 _ 섬김

12월 15일

내 안에 있는 것

신앙고백 | 사도신경

찬송 | 337, 342장

본문 말씀 | 사도행전 3장 4-10절

> 베드로가 요한과 더불어 주목하여 이르되 우리를 보라 하니 그가 그들에게서 무엇을 얻을까 하여 바라보거늘 베드로가 이르되 은과 금은 내게 없거니와 내게 있는 이것을 네게 주노니 나사렛 예수 그리스도의 이름으로 일어나 걸으라 하고 오른손을 잡아 일으키니 발과 발목이 곧 힘을 얻고 뛰어 서서 걸으며 그들과 함께 성전으로 들어가면서 걷기도 하고 뛰기도 하며 하나님을 찬송하니 모든 백성이 그 걷는 것과 하나님을 찬송함을 보고 그가 본래 성전 미문에 앉아 구걸하던 사람인 줄 알고 그에게 일어난 일로 인하여 심히 놀랍게 여기며 놀라니라

그리스도인에게는 세상 사람에게 없는 소중한 것이 있습니다. 먼저 우리에게는 영생과 천국이 있습니다. 우리는 죄로 인해 죽을 수밖에 없었지만, 예수님이 죽으심으로 죄 사함을 받았습니다. 그리하여 눈물과 탄식이 없는 곳, 죽음과 이별이 없는 곳에서 영원히 살 수 있게 되었습니다. 둘째, 치유의 능력이 있습니다. 예수님이 우리의 연약한 것을 친히 담당하시고 병을 짊어지셨기 때문에 모든 병에서 고침을 받을 수 있는 것입니다. 셋째, 저주에서 해방되어 복을 누리게 되었습니다. 예수님이 둘째 아담이 되셔서 첫째 아담이 빼앗겼던 모든 축복을 다시 찾아 주셨기 때문입니다.

사도 베드로와 요한은 예루살렘 성전의 미문에 앉아있던, 나면서부터 걷지 못하는 사람이 구걸하자 그들이 가지고 있는 것을 주었습니다. "내가 네게 있는 것으로 네게 주노니 곧 나사렛 예수 그리스도의 이름으로 걸으라." 베드로와 요한은 그가 구하는 것보다 더 귀한 것을 주었습니다. 사도들은 자신이 가진 것이 무엇인지 분명히 알았기에 그가 진정으로 필요로 했던 것을 줄 수 있었습니다.

💗 나눔의 시간

낮은 자존감으로 인해 우울했던 적이 있습니까? 부모나 자녀로서 하지 못했던 속마음을 나누고 위로하는 시간을 가집시다.

💗 결단의 시간

예수님의 이름에는 세상을 이길 힘과 치료하는 힘, 그리고 자유하게 하는 힘이 있습니다. 예수님의 이름으로 서로를 축복하면서 사랑하기로 결단합시다.

💗 함께하는 기도

하나님 아버지, 저희에게 소중한 주님의 이름을 주셔서 감사드립니다. 주신 것을 귀히 여기도록 도와 주옵소서. 또한 이러한 믿음과 사랑을 다른 사람에게 나눌 수 있도록 인도해 주옵소서. 예수님의 이름으로 기도합니다. 아멘.

💗 암송 말씀

베드로가 이르되 은과 금은 내게 없거니와 내게 있는 이것을 네게 주노니 나사렛 예수 그리스도의 이름으로 일어나 걸으라 하고 _행 3:6

💗 주기도문

중보 기도 _ 섬김

12월 16일

선한 목자

신앙고백 | 사도신경

찬송 | 569, 570장

본문 말씀 | 요한복음 10장 11-15절

> 나는 선한 목자라 선한 목자는 양들을 위하여 목숨을 버리거니와 삯꾼은 목자가 아니요 양도 제 양이 아니라 이리가 오는 것을 보면 양을 버리고 달아나나니 이리가 양을 물어 가고 또 헤치느니라 달아나는 것은 그가 삯꾼인 까닭에 양을 돌보지 아니함이나 나는 선한 목자라 나는 내 양을 알고 양도 나를 아는 것이 아버지께서 나를 아시고 내가 아버지를 아는 것 같으니 나는 양을 위하여 목숨을 버리노라

인생을 살다 보면 감당치 못할 시련이 닥쳐올 때가 있습니다. 자신의 힘으로는 도저히 감당할 수 없어 깊은 절망과 좌절에 빠지기도 합니다. 이때 예수님은 우리에게 찾아오셔서 절망에서 건져 주시고 위로하시며 새 힘을 주십니다. 이렇듯 예수님은 영원히 우리를 떠나지 아니하시고 항상 보호해 주시며 은혜를 베풀어 주십니다.

예수님은 우리의 선한 목자이시기 때문입니다. 참 목자는 양들에게 어려움이 다가올 때 목숨을 내놓고 지키는 사람입니다. 때로 양들을 지키다가 희생당하기도 합니다. 따라서 양들은 목자를 의지하기만 하면 사망의 음침한 골짜기에서도 건져냄을 받습니다. 우리의 목자이신 예수님의 이러한 사랑은 십자가에서 나타났습니다. 예수님이 우리를 위해 희생하신 것입니다.

우리 모두 그 희생적 사랑으로 인해 하나님의 자녀가 되었습니다. 십자가가 없었다면 오늘날 우리의 삶은 말로 표현할 수 없을 정도의 절망이었을 것입니다. 그러므로 십자가의 사랑과 희생에 대해 날마다 감사하고 감격해야 합니다. 십자가의 의미가 희미해져 가는 이 세대에 다시금 십자가의 사랑이 회복되어야 할 것입니다.

나눔의 시간

부모님께 감사했던 일이 있습니까? 가정을 위해 희생하는 부모님의 사랑에 대해 감사하는 마음을 나눠 봅시다.

결단의 시간

가정을 위해 희생하시는 부모님의 헌신에 감사하며 효도하기로 결단합시다. 또한 어떤 환경 가운데서도 십자가를 묵상함으로 범사에 감사하기로 결단합시다.

함께하는 기도

하나님 아버지, 선한 목자 되신 주님의 은혜에 감사드립니다. 우리 가정이 주님의 십자가 사랑을 기억하며 감사하는 삶을 살 수 있도록 인도해 주옵소서. 예수님의 이름으로 기도합니다. 아멘.

암송 말씀

나는 선한 목자라 선한 목자는 양들을 위하여 목숨을 버리거니와 _ 요 10:11

주기도문

12월 17일

중보 기도 _ 섬김

방언기도의 유익

신앙고백 | 사도신경
찬송 | 184, 196장
본문 말씀 | 사도행전 19장 4-6절

> 바울이 이르되 요한이 회개의 세례(침례)를 베풀며 백성에게 말하되 내 뒤에 오시는 이를 믿으라 하였으니 이는 곧 예수라 하거늘 그들이 듣고 주 예수의 이름으로 세례를 받으니 바울이 그들에게 안수하매 성령이 그들에게 임하시므로 방언도 하고 예언도 하니

하나님은 성령세례(침례)와 함께 방언을 선물로 주셨습니다. 따라서 예수님을 믿는 사람은 성령세례(침례)와 방언으로 기도하기를 사모해야 합니다. 방언으로 기도하면 기도 생활에 다음과 같은 유익이 있습니다.

첫째, 기도가 깊어집니다. 생각나는 것을 말로 옮겨 기도하다 보면 오래 기도하기가 힘이 듭니다. 사실 한 시간조차도 기도하기 어렵습니다. 그러나 방언으로 기도하게 되면 두 시간, 세 시간도 금방 지나갑니다. 그에 따라 기도가 깊어지면서 하나님의 은혜의 보좌 앞으로 가까이 나아가게 되는 것입니다.

둘째, 말로 기도할 수 없는 상황에서도 기도할 수 있게 됩니다. 어려운 시험을 만나 고통을 겪고 있을 때 기도하기란 쉽지 않습니다. 아무리 기도하려고 해도 입이 떨어지지 않고 심지어 말 한마디조차 나오지 않을 때도 있습니다. 이럴 때 방언으로 기도하면 성령께서 대신 기도해 주십니다. 내 마음속의 기도와 성령께서 하시는 탄식의 중보 기도가 하나님 앞에 이중으로 올라가는 것입니다.

셋째, 방언기도가 깊어질수록 영적으로 강건해지고 새로워집니다. 즉 우리의 영혼이 새 힘을 얻게 됩니다. 왜냐하면 성령은 새롭게 하고 회복시키는 영이시기 때문입니다. 그러므로 방언으로 기도하는 것은 우리의 신앙생활을 위해 꼭 필요합니다.

나눔의 시간

성령세례^{침례}를 받은 체험이 있습니까? 방언을 받았습니까? 언제, 어떻게 받게 되었으며 이후 어떤 마음을 갖게 되었는지 나눠 봅시다.

결단의 시간

성령충만을 받고 방언으로 기도하기를 사모합시다. 서로 격려하면서 중보합시다. 성령충만과 방언기도를 위해 작정하고 기도와 예배시간을 갖기로 결단합시다.

함께하는 기도

하나님 아버지, 성령으로 충만한 가정, 방언으로 기도하는 영혼이 되기를 소망합니다. 이 시간 성령의 충만함으로 우리의 기도가 깊어지고, 영적으로 강건해지는 역사가 일어나기 원합니다. 성령의 말할 수 없는 사랑과 탄식이 우리의 방언기도를 통해 하나님에게 올라가기를 소망합니다. 예수님의 이름으로 기도합니다. 아멘.

암송 말씀

> 바울이 그들에게 안수하매 성령이 그들에게 임하시므로 방언도 하고 예언도 하니 _행 19:6

주기도문

중보 기도 _ 섬김

12월 18일

어머니의 기도

신앙고백 | 사도신경

찬송 | 361, 364장

본문 말씀 | 사무엘상 1장 15-17절

> 한나가 대답하여 이르되 내 주여 그렇지 아니하니이다 나는 마음이 슬픈 여자라 포도주나 독주를 마신 것이 아니요 여호와(야훼) 앞에 내 심정을 통한 것뿐이오니 당신의 여종을 악한 여자로 여기지 마옵소서 내가 지금까지 말한 것은 나의 원통함과 격분됨이 많기 때문이니이다 하는지라 엘리가 대답하여 이르되 평안히 가라 이스라엘의 하나님이 네가 기도하여 구한 것을 허락하시기를 원하노라 하니

사무엘은 구약 시대의 위대한 인물 중 한 사람입니다. 최후의 사사이자, 선지자이면서 제사장이었던 사무엘은 사사시대를 거쳐 이스라엘 왕국 초기까지 중요한 역할을 감당했습니다. 이러한 하나님의 사람, 사무엘이 있기까지 어머니인 한나의 기도가 있었다는 사실을 잊어서는 안 됩니다. 기도하는 어머니를 통해 위대한 자녀가 탄생하기 때문입니다.

기독교 역사상 가장 위대한 성인으로 여겨지는 성 어거스틴 St. Augustine A.D. 354-430 은 그의 회심에 대해 이렇게 회고합니다. "그것은 어머니의 기도 때문입니다. 나는 이 사실을 주저 없이 인정합니다. 하나님이 내게 진리를 발견하는 것이 무엇보다 중요하다는 마음, 그밖에 아무것도 바라지 않고, 생각하지 않고, 사랑하지 않는 마음을 주신 것은 어머니의 기도 덕분입니다." 눈물로 기도하는 어머니가 있는 자녀는 결단코 망하지 않습니다. 기도하는 어머니가 많을 때 가정과 교회와 나라가 안정되고 번영합니다. 한나처럼 기도하는 어머니, 부모가 되기를 소망합니다.

💗 나눔의 시간

자녀에게 불행이 찾아왔을 때 부모로서 어떤 심정이었습니까? 어려움 가운데 있을 때 부모님이라는 존재가 어떤 위로가 되었습니까? 힘들고 어려웠던 마음과 위로받아 평안해졌던 마음을 나눠 봅시다.

💗 결단의 시간

기도하는 가정은 평안합니다. 자녀를 위해 기도하는 부모가 되기로 결단합시다. 또한 부모님을 위해 기도하는 자녀가 되기로 결단합시다.

💗 함께하는 기도

하나님 아버지, 기도하는 가정이 되기를 소망합니다. 중보하면서 믿음으로 승리하는 가정이 되도록 인도해 주옵소서. 기도의 응답을 받을 수 있도록 역사해 주옵소서. 예수님의 이름으로 기도합니다. 아멘.

💗 암송 말씀

> 엘리가 대답하여 이르되 평안히 가라 이스라엘의 하나님이 네가 기도하여 구한 것을 허락하시기를 원하노라 하니 _삼상 1:17

💗 주기도문

중보 기도 _ 섬김

12월 19일

환난의 때

신앙고백 | 사도신경

찬송 | 341, 456장

본문 말씀 | 사도행전 12장 1-5절

> 그 때에 헤롯 왕이 손을 들어 교회 중에서 몇 사람을 해하려 하여 요한의 형제 야고보를 칼로 죽이니 유대인들이 이 일을 기뻐하는 것을 보고 베드로도 잡으려 할새 때는 무교절 기간이라 잡으매 옥에 가두어 군인 넷씩인 네 패에게 맡겨 지키고 유월절 후에 백성 앞에 끌어 내고자 하더라 이에 베드로는 옥에 갇혔고 교회는 그를 위하여 간절히 하나님께 기도하더라

스데반의 죽음 이후 이방인에게도 복음이 증거되면서 제자들이 그리스도인이라는 이름을 얻게 되자 사탄의 반격이 시작되었습니다. 헤롯왕이 예루살렘 교회의 지도자였던 야고보를 칼로 죽이고, 베드로는 죽이기 위해 감옥에 가둔 것입니다. 예루살렘 교회의 가장 강력한 지도자였던 두 사람을 한꺼번에 잃을 위기였습니다. 삼엄한 경계로 인해 탈옥할 엄두조차 나지 않는 상황에서 교회가 할 수 있는 유일한 일은 기도였습니다.

교회는 베드로를 위해 간절히 기도했습니다. 여기에서 '간절히'라는 말은 예수님이 겟세마네 동산에서 하셨던 '간절한 기도'와 동의어입니다. 교회는 베드로를 위해 십자가를 지겠다는 각오로 기도했던 것입니다. 그런데 그들이 기도할 때 놀라운 하나님의 역사가 일어났습니다. 주의 사자가 베드로에게 나타나 쇠사슬을 풀고 옥문을 열었습니다. 베드로를 사망의 세력으로부터 벗어나게 하신 것입니다.

이처럼 간절한 마음으로 드리는 중보 기도에는 하나님의 은혜가 나타나 도저히 풀릴 수 없는 문제가 풀리고 사망의 세력이 떠나가는 역사가 일어납니다.

나눔의 시간

도무지 풀리지 않는 문제가 있습니까? 그 문제가 삶에 끼치는 영향력에 대해 나눠 봅시다.

결단의 시간

서로를 위해 중보 기도하는 시간을 가집시다. 손을 잡고 간절히 기도하면서 주님의 은혜가 임하기를 기대합시다.

함께하는 기도

하나님 아버지, 간절히 기도하는 기도제목이 응답되기를 소망합니다. 서로를 위해 중보하며 나아갈 때, 어둠의 세력이 떠나가고 저주의 사슬이 끊어지는 역사가 일어날 줄 믿습니다. 베드로의 옥문을 여셨던 주님의 은혜를 오늘 우리 가정 가운데 허락하여 주옵소서. 예수님의 이름으로 기도합니다. 아멘.

암송 말씀

> 이에 베드로는 옥에 갇혔고 교회는 그를 위하여 간절히 하나님께 기도하더라 _행 12:5

주기도문

12월 20일

아브라함의 중보 기도

신앙고백 | 사도신경
찬송 | 342, 347장
본문 말씀 | 창세기 18장 22-25절

> 그 사람들이 거기서 떠나 소돔으로 향하여 가고 아브라함은 여호와(야훼) 앞에 그대로 섰더니 아브라함이 가까이 나아가 이르되 주께서 의인을 악인과 함께 멸하려 하시나 이까 그 성 중에 의인 오십 명이 있을지라도 주께서 그 곳을 멸하시고 그 오십 의인을 위하여 용서하지 아니하시리이까 주께서 이같이 하사 의인을 악인과 함께 죽이심은 부당하오며 의인과 악인을 같이 하심도 부당하니이다 세상을 심판하시는 이가 정의를 행하실 것이 아니니이까

　아브라함은 소돔과 고모라를 위해 하나님 앞에 나아갔습니다. 하나님만 그 심판을 면하실 수 있기 때문입니다. 하나님이 문제를 해결할 수 있는 유일한 분이시기 때문입니다. 성경은 "하나님을 가까이 하라 그리하면 너희를 가까이 하시리라" 약 4:8 라고 말합니다. 하나님에게 나아가면 모든 문제의 해결자 되시는 하나님을 만날 수 있습니다.

　아브라함은 하나님에게 불손하다 싶을 정도로 거세게 항의합니다. "의인을 악인과 함께 멸하려 하시나이까" 라고 말하며 세상을 심판하시는 하나님의 정의에 대해 거론하면서 의롭게 심판하실 것을 촉구합니다. 소돔과 고모라에 의인 10명이 있을지라도 멸하시면 안 된다고 설득한 것입니다. 하나님의 공의를 겨냥해 설득하는 아브라함의 기도에 대해 하나님은 "멸하지 아니하리라"며 즉각적으로 응답하십니다.

이처럼 우리도 가정과 이웃과 교회와 나라를 위해 하나님에게 나아가야 합니다. 하나님의 공의와 자비를 의지하여 중보 기도함으로써 그 응답과 역사를 경험해야 합니다.

나눔의 시간

내가 만난 하나님은 어떤 분이십니까? 각자가 만난 하나님에 대해 나눠 봅시다.

결단의 시간

하나님과의 친밀감은 중보 기도에 있어서 가장 중요한 요소입니다. 하나님을 가까이하기 위해 필요한 것은 무엇입니까? 하나님을 가까이하기로 결단합시다.

함께하는 기도

하나님 아버지, 주님과의 친밀한 교제를 회복함으로 모든 삶의 문제를 해결하실 능력의 주님을 만나기 원합니다. 은혜를 베풀어 주셔서 우리의 기도가 아브라함의 기도처럼 응답되게 하옵소서. 예수님의 이름으로 기도합니다. 아멘.

암송 말씀

아브라함이 가까이 나아가 이르되 주께서 의인을 악인과 함께 멸하려 하시나이까
_창 18:22

주기도문

중보 기도 _ 섬김

12월 21일

치료하는 여호와 야훼

신앙고백 | 사도신경

찬송 | 441, 471장

본문 말씀 | 출애굽기 15장 23-26절

> 마라에 이르렀더니 그 곳 물이 써서 마시지 못하겠으므로 그 이름을 마라라 하였더라 백성이 모세에게 원망하여 이르되 우리가 무엇을 마실까 하매 모세가 여호와(야훼)께 부르짖었더니 여호와(야훼)께서 그에게 한 나무를 가리키시니 그가 물에 던지니 물이 달게 되었더라 거기서 여호와(야훼)께서 그들을 위하여 법도와 율례를 정하시고 그들을 시험하실새 이르시되 너희가 너희 하나님 나 여호와(야훼)의 말을 들어 순종하고 내가 보기에 의를 행하며 내 계명에 귀를 기울이며 내 모든 규례를 지키면 내가 애굽 사람에게 내린 모든 질병 중 하나도 너희에게 내리지 아니하리니 나는 너희를 치료하는 여호와(야훼)임이라

영적 지도자의 권위는 위기의 때에 더욱 빛납니다. 일반적인 지도자들은 큰 문제를 만나면 무엇을 어떻게 해야 할지 몰라 당황하지만 영적 지도자는 문제를 만났을 때 하나님의 도우심을 간구합니다. 모세는 위기의 순간에 영적 지도자로서 기도의 본을 보여 주었습니다. 또한 모세는 40년 동안 이스라엘 백성을 이끌고 광야를 지나면서 문제가 생길 때마다 하나님에게 간절히 기도했습니다. 이를 통해 전지전능하신 하나님의 수많은 권능과 은혜를 체험했습니다.

마라에서 쓴물로 인해 이스라엘 백성이 위기에 빠졌을 때도 모세는 먼저 하나님에게 부르짖었습니다. 원망하는 이스라엘 백성을 보지 않고 하나님의 도우심을 간구했습니다. 이 기도를 통해 이스라엘은 쓴물을 단물로 바꾸시는 하나님의 능력을 경험하게 된 것입니다. 이것이 오늘 하나님이 우리에게 요구하시는 중보 기도입니다. 고통당하는 사람을 위해 하나님 앞에 나아가 치료하는 하나님의 권능을 경험하는 것입니다.

나눔의 시간

지금 중보 기도가 필요한 가족이나 이웃이 있습니까? 그 상황과 형편을 나눠 봅시다.

결단의 시간

중보하는 대상의 아픔과 슬픔을 가지고 하나님 앞에 나아갑시다. 이 시간 한 마음으로 간절하게 중보함으로 치료하시는 하나님을 경험합시다.

함께하는 기도

하나님 아버지, 우리의 기도를 통해 치료하는 하나님을 만날 수 있게 하옵소서. 하나님 앞에 우리의 문제를 가지고 나아갈 때 마라의 쓴물을 단물로 변화시키신 하나님을 만나기 원합니다. 우리의 삶이 회복되도록 인도해 주옵소서. 예수님의 이름으로 기도합니다. 아멘.

암송 말씀

이르시되 너희가 너희 하나님 나 여호와야훼의 말을 들어 순종하고 내가 보기에 의를 행하며 내 계명에 귀를 기울이며 내 모든 규례를 지키면 내가 애굽 사람에게 내린 모든 질병 중 하나도 너희에게 내리지 아니하리니 나는 너희를 치료하는 여호와야훼임이라 _ 출 15:26

주기도문

12월 22일

기도의 힘

신앙고백 | 사도신경
찬송 | 542, 545장
본문 말씀 | 예레미야 33장 1-3절

> 예레미야가 아직 시위대 뜰에 갇혀 있을 때에 여호와(야훼)의 말씀이 그에게 두 번째로 임하니라 이르시되 일을 행하시는 여호와(야훼), 그것을 만들며 성취하시는 여호와(야훼), 그의 이름을 여호와(야훼)라 하는 이가 이와 같이 이르시도다 너는 내게 부르짖으라 내가 네게 응답하겠고 네가 알지 못하는 크고 은밀한 일을 네게 보이리라

　2001년 1월 4일자 국민일보에 '기도의 힘'이라는 제목의 기사가 실린 적이 있습니다. 한국 포천중문의대의 차광렬 박사와 미국 컬럼비아의대의 로저리오 A. 로보 박사의 불임치료 공동연구진은 1998년부터 1999년까지 서울 차병원에서 불임치료를 받은 환자 199명을 대상으로 기도와 임신 성공률의 관계를 조사했습니다.

　연구진은 한국에서 불임치료를 받는 환자의 사진을 미국과 캐나다, 그리고 호주에 있는 그리스도인들에게 나누어 주면서 이들이 임신에 성공할 수 있도록 기도해 달라고 부탁을 했습니다. 그러고 나서 기도해 주는 사람이 없는 환자 그룹과 이들의 임신 성공률을 비교했습니다. 그 결과 중보 기도를 받은 불임치료 여성들의 임신 성공률이 기도해 주는 사람이 없는 여성들보다 2배나 높은 것으로 나타났습니다. 공동 연구자인 로보 박사는 "연구 결과가 도저히 있을 수 없는 일처럼 느껴졌기 때문에 이를 발표해야 할지를 두고 오랫동안 고민했지만 두 그룹 사이의 임신율 차이는 매우 현저했기 때문에 무시할 수 없었다."라고 말했습니다.

이것이 바로 기도의 놀라운 힘입니다. 주님은 예레미야를 통해 기도하면 놀랍고 신비로운 응답을 경험하게 될 거라고 분명하게 말씀하고 계십니다. 이 말씀을 붙들고 부르짖음으로 하나님의 놀라운 응답을 경험하는 가정이 되기를 소망합니다.

🖐 나눔의 시간

지금까지 받은 기도응답 중에 가장 신기했던 것은 무엇입니까? 그때의 은혜를 나눠 봅시다.

🖐 결단의 시간

지금 하나님의 응답이 필요한 문제가 있습니까? 하나님이 반드시 응답해 주실 거라고 믿고 온 가족이 합심하여 기도합시다.

🖐 함께하는 기도

하나님 아버지, 기도의 힘을 믿고 하나님의 응답을 기대합니다. 지금 우리가 기도하는 것들이 은혜 가운데 응답될 수 있도록 역사하여 주옵소서. 예수님의 이름으로 기도합니다. 아멘.

🖐 암송 말씀

> 너는 내게 부르짖으라 내가 네게 응답하겠고 네가 알지 못하는 크고 은밀한 일을 네게 보이리라 _렘 33:3

🖐 주기도문

12월 23일

기도의 손

신앙고백 | 사도신경
찬송 | 446, 449장
본문 말씀 | 출애굽기 17장 8-11절

> 그 때에 아말렉이 와서 이스라엘과 르비딤에서 싸우니라 모세가 여호수아에게 이르되 우리를 위하여 사람들을 택하여 나가서 아말렉과 싸우라 내일 내가 하나님의 지팡이를 손에 잡고 산 꼭대기에 서리라 여호수아가 모세의 말대로 행하여 아말렉과 싸우고 모세와 아론과 훌은 산 꼭대기에 올라가서 모세가 손을 들면 이스라엘이 이기고 손을 내리면 아말렉이 이기더니

기도는 불가능한 것을 가능케 만드는 능력이며 우리의 인생을 바꾸는 능력입니다. R. A. 토레이는 "기도는 하나님의 은혜와 능력이 가득 쌓여 있는 창고의 문을 여는 열쇠다."라고 했습니다. 모세가 하나님 앞에서 두 손을 들고 기도할 때 이스라엘은 강력한 아말렉 군대와의 전쟁에서 승리했습니다. 하나님이 모세의 기도를 들으셨기 때문입니다.

우리는 하나님 앞에서 두 손을 들어야 합니다. 모세처럼 산꼭대기로 올라가 두 손을 들고 기도해야 합니다. 기도의 손이 능력의 손이기 때문입니다. 성도가 두 손 들고 기도하면 사탄이 두려워합니다. 성도가 무릎 꿇는 순간 사탄은 패배합니다. 우리가 일하면 우리가 일하는 것이지만, 우리가 기도하면 하나님이 일하십니다. 그러므로 우리는 하나님 앞에서 기도의 손이 내려오지 않도록 해야 합니다. 부모가 기도하면 자녀가 살고, 남편이 기도하면 아내가 살고, 아내가 기도하면 남편이 살고, 자녀가 기도하면 부모가 삽니다.

🖐 나눔의 시간

언제, 어디에서, 어떻게 기도할 때 가장 은혜가 넘칩니까? 왜 그런지 나눠 봅시다.

🖐 결단의 시간

모세처럼 산꼭대기로 올라가서 기도하기로 결단합시다. 우리 삶의 산꼭대기인 기도원을 찾아 기도하러 가서 가정과 교회와 나라를 위해 중보합시다.

🖐 함께하는 기도

하나님 아버지, 기도의 손을 들기 원합니다. 기도원에 올라가 가정과 교회와 민족을 위해 기도하기 원합니다. 우리 손이 모세처럼 승리하는 기도의 손이 될 수 있도록 인도해 주옵소서. 예수님의 이름으로 기도합니다. 아멘.

🖐 암송 말씀

모세가 손을 들면 이스라엘이 이기고 손을 내리면 아말렉이 이기더니 _출 17:11

🖐 주기도문

중보 기도 _ 섬김

12월 24일
바벨론의 그발 강가에서

신앙고백 | 사도신경
찬송 | 419, 421장
본문 말씀 | 시편 137편 1-4절

> 우리가 바벨론의 여러 강변 거기에 앉아서 시온을 기억하며 울었도다 그 중의 버드나무에 우리가 우리의 수금을 걸었나니 이는 우리를 사로잡은 자가 거기서 우리에게 노래를 청하며 우리를 황폐하게 한 자가 기쁨을 청하고 자기들을 위하여 시온의 노래 중 하나를 노래하라 함이로다 우리가 이방 땅에서 어찌 여호와(야훼)의 노래를 부를까

이스라엘과의 전쟁에서 승리하여 그 땅을 정복한 바벨론 사람들은 하나님의 이름을 모독하면서 이스라엘 백성에게 모욕감을 줬습니다. 그들은 자신들의 흥을 돋우기 위해 하나님을 찬양하는 노래를 부르라고 명령했습니다. 이때 바벨론으로 끌려갔던 에스겔은 바벨론의 그발 강가에서 예루살렘을 기억하며 울었습니다. 하나님의 이름이 망령되이 일컬어지는데도 아무것도 하지 못하는 자신이 너무 비참했기 때문입니다.

그런데 바로 그때 하나님이 에스겔에게 나타나셨습니다. "갈대아 땅 그발 강 가에서 여호와(야훼)의 말씀이 부시의 아들 제사장 나 에스겔에게 특별히 임하고 여호와(야훼)의 권능이 내 위에 있으니라" 겔 1:3. 바벨론의 그발 강가에서 에스겔은 하나님의 강력한 임재를 경험합니다. 그는 성전이 아닌 이방 땅에서 그는 그의 일생을 변화시킨 하나님과의 만남을 갖게 됩니다. 하나님의 이름이 망령되이 일컬어지며 하나님의 은혜와 아무 상관없어 보이는 땅에서 하나님의 역사를 경험하게 된 것입니다. 이처럼 하나님은 언제 어디에서든지 역사하는 무소부재한 분으로 우리가 기도할 때 우리 삶과 가정과 이웃에 임재하십니다.

나눔의 시간

하나님의 이름이 망령되이 일컬어지는 곳이 있습니까? 어떤 곳이며, 어떤 일이 일어나는지 나눠 봅시다.

결단의 시간

우리 가정에도 에스겔처럼 울며 기도해야 할 영적인 바벨론이 있습니까? 이 시간 주님의 임재를 사모하며 함께 중보합시다.

함께하는 기도

하나님 아버지, 에스겔처럼 기도하기 원합니다. 영적인 바벨론을 무너뜨리는 하나님의 임재를 경험하는 중보 기도자가 되기를 소망합니다. 하나님의 역사가 오늘 우리의 기도를 통해 일어나도록 인도해 주옵소서. 예수님의 이름으로 기도합니다. 아멘.

암송 말씀

우리가 바벨론의 여러 강변 거기에 앉아서 시온을 기억하며 울었도다 _시 137:1

주기도문

중보 기도 _ 섬김

12월 25일

영적인 무기

신앙고백 | 사도신경
찬송 | 351, 354장
본문 말씀 | 누가복음 18장 2-5절

이르시되 어떤 도시에 하나님을 두려워하지 않고 사람을 무시하는 한 재판장이 있는데 그 도시에 한 과부가 있어 자주 그에게 가서 내 원수에 대한 나의 원한을 풀어 주소서 하되 그가 얼마 동안 듣지 아니하다가 후에 속으로 생각하되 내가 하나님을 두려워하지 않고 사람을 무시하나 이 과부가 나를 번거롭게 하니 내가 그 원한을 풀어 주리라 그렇지 않으면 늘 와서 나를 괴롭게 하리라 하였느니라

우리는 어느 때보다 어려운 시대에 살고 있습니다. 마지막 때일수록 원수 사탄은 우는 사자같이 두루 다니며 삼킬 자를 찾고 온갖 계략을 동원하여 무너뜨리려 하기 때문입니다. 그럴수록 우리는 힘써 기도해야 합니다. 기도는 사탄과 싸울 수 있는 영적 무기입니다. "우리의 씨름은 혈과 육을 상대하는 것이 아니요 통치자들과 권세들과 이 어둠의 세상 주관자들과 하늘에 있는 악의 영들을 상대함이라" 엡 6:12.

사탄은 우리의 삶에 들어와 개인과 가정과 환경을 파괴하려고 온갖 꾀를 동원합니다. 이러한 사탄의 공작을 이기는 것이 바로 기도입니다. 성공적인 삶을 산 위대한 성도는 모두 간절한 기도 생활을 통해 원수 사탄의 모든 궤계를 물리친 사람입니다.

기도할 때 개인의 삶이 변화되고 가정이 변화되며 이웃이 변화되는 것입니다. 과부의 부르짖음이 불의한 재판장의 마음을 변화시킨 것처럼 우리의 기도는 하나님의 응답을 불러일으킵니다.

나눔의 시간

지금 겪고 있는 영적 전쟁은 무엇입니까? 사탄의 공격에 대한 우리의 방어에 대해 나눠 봅시다.

결단의 시간

우리 삶과 가정 가운데 기도가 필요한 부분은 무엇입니까? 함께 기도하여 영적 전쟁에서 승리합시다.

함께하는 기도

하나님 아버지, 원수의 공격에도 무너지지 않는 가정이 되기를 원합니다. 힘들고 어려울 때마다 한 시간이고 두 시간이고 포기하지 않고 기도하는 삶이 되게 하옵소서. 우리에게 주어진 영적 무기인 기도를 사용함으로 인해 승리할 수 있도록 역사해 주옵소서. 예수님의 이름으로 기도합니다. 아멘.

암송 말씀

> 이 과부가 나를 번거롭게 하니 내가 그 원한을 풀어 주리라 그렇지 않으면 늘 와서 나를 괴롭게 하리라 하였느니라 _눅 18:5

주기도문

중보 기도 _ 섬김

12월 26일

눈물의 기도

신앙고백 | 사도신경
찬송 | 90, 94장
본문 말씀 | 사무엘상 11장 1-4절

> 암몬 사람 나하스가 올라와서 길르앗 야베스에 맞서 진 치매 야베스 모든 사람들이 나하스에게 이르되 우리와 언약하자 그리하면 우리가 너를 섬기리라 하니 암몬 사람 나하스가 그들에게 이르되 내가 너희 오른 눈을 다 빼야 너희와 언약하리라 내가 온 이스라엘을 이같이 모욕하리라 야베스 장로들이 그에게 이르되 우리에게 이레 동안 말미를 주어 우리가 이스라엘 온 지역에 전령들을 보내게 하라 만일 우리를 구원할 자가 없으면 네게 나아가리라 하니라 이에 전령들이 사울이 사는 기브아에 이르러 이 말을 백성에게 전하매 모든 백성이 소리를 높여 울더니

　암몬 사람 나하스가 길르앗 야베스를 공격했습니다. 암몬에 비해 군사력이 부족했던 야베스 사람들은 조공을 바치며 섬기겠다고 항복했습니다. 그러나 나하스는 항복하겠다는 야베스의 백성에게 "모든 야베스 백성이 오른쪽 눈을 뽑아야 그들의 항복을 받아 주겠다."라고 말하며 그들을 조롱했습니다. 항복하겠다는 사람들에게까지 이처럼 무자비한 나하스를 참을 수 없었던 야베스 사람들은 급기야 이스라엘에게 원조를 요청합니다.

　그러나 문제는 원조 요청을 받은 이스라엘 역시 암몬 군대를 대적할 만한 힘이 없었습니다. 그들이 할 수 있는 유일한 일은 야베스 백성을 위해 대신 울어 주는 것 뿐이었습니다. 그런데 놀라운 것은 그들이 야베스를 위해 울었을 때 하나님의 영이 사울에게 강하게 임했습니다. 결국 하나님은 사울을 통해 야베스 백성을 암몬으로부터 구원하셨습니다.

이처럼 중보 기도는 누군가를 위해 대신 울어주는 것입니다. 하나님이 눈물의 탄식 소리를 들으실 때 하나님의 영이 우리를 구원하십니다.

나눔의 시간

누군가를 위해 간절하게 울며 기도한 적이 있습니까? 그때의 상황과 마음을 나눠 봅시다.

결단의 시간

다른 사람의 아픔을 공감하는 사람만이 눈물을 흘릴 수 있습니다. 공감하는 마음을 가지려면 다른 사람의 삶에 관심을 가져야 합니다. 우리의 관심과 사랑이 필요한 사람은 누구입니까? 그들을 위해 우리가 할 수 있는 것은 무엇입니까?

함께하는 기도

하나님 아버지, 타인을 위한 눈물이 우리 삶과 가정에 가득하기를 원합니다. 그래서 하나님의 영이 사울에게 임한 것처럼 우리 삶과 가정에 하나님의 영이 강하게 임하시기를 원합니다. 우리의 기도와 관심이 필요한 이웃을 구원하는 중보자가 될 수 있도록 역사해 주옵소서. 예수님의 이름으로 기도합니다. 아멘.

암송 말씀

> 이에 전령들이 사울이 사는 기브아에 이르러 이 말을 백성에게 전하매 모든 백성이 소리를 높여 울더니 _삼상 11:4

주기도문

중보 기도 _ 섬김

12월 27일

환난 중에

신앙고백 | 사도신경
찬송 | 337, 342장
본문 말씀 | 시편 107편 13-16절

이에 그들이 그 환난 중에 여호와(야훼)께 부르짖으매 그들의 고통에서 구원하시되 흑암과 사망의 그늘에서 인도하여 내시고 그들의 얽어 맨 줄을 끊으셨도다 여호와(야훼)의 인자하심과 인생에게 행하신 기적으로 말미암아 그를 찬송할지로다 그가 놋문을 깨뜨리시며 쇠빗장을 꺾으셨음이로다

　환난은 하나님이 우리를 하나님의 사람으로 만들어 가시는 방법 중 하나입니다. 요나는 하나님의 말씀에 불순종하여 다시스로 가다가 풍랑을 만나 물고기 뱃속에 삼 일이나 갇혀 있었습니다. 그때 요나는 비로소 회개하며 주님께 부르짖기 시작했습니다. 그리고 주님은 그 기도에 응답해 주셨습니다.

　하나님이 우리에게 주신 놀라운 축복 가운데 하나는 기도할 수 있는 능력을 주신 것입니다. 기도는 축복의 통로입니다. 그러므로 우리는 언제나 기도로 주님 앞에 나아가야 합니다. 환난과 고통 가운데서도 주님께 부르짖어야 합니다. 방황하며 굶주리고 목말라하는 인생이 주님을 찾고 부르짖으면 주님은 그 기도에 귀를 기울이십니다. 또한 그 기도에 대한 응답으로 그를 절망 중에서 건져 주실 것입니다. 더불어 상처 입은 모든 것을 치료해 주실 것입니다.

💗 나눔의 시간

요나처럼 고난으로 인해 성숙해진 경험이 있습니까? 고난이 가져다 준 복에 대해 나눠 봅시다.

💗 결단의 시간

기도를 통해 환난 가운데서도 은혜를 베푸시는 하나님의 권능을 경험합시다. 우리 가정에 주신 축복의 통로인 기도를 사용하기로 결단합시다.

💗 함께하는 기도

하나님 아버지, 고난이 하나님의 은혜의 통로임을 기억합니다. 기도함으로 하나님의 구원을 경험하는 가정이 되도록 인도해 주옵소서. 우리를 고치시고 건지시는 하나님을 만날 수 있도록 역사해 주옵소서. 예수님의 이름으로 기도합니다. 아멘.

💗 암송 말씀

> 이에 그들이 그 환난 중에 여호와(야훼)께 부르짖으매 그들의 고통에서 구원하시되
> _ 시 107:13

💗 주기도문

중보 기도 _ 섬김

12월 28일

죽으면 산다!

신앙고백 | 사도신경

찬송 | 370, 382장

본문 말씀 | 에스더 4장 15-17절

> 에스더가 모르드개에게 회답하여 이르되 당신은 가서 수산에 있는 유다인을 다 모으고 나를 위하여 금식하되 밤낮 삼 일을 먹지도 말고 마시지도 마소서 나도 나의 시녀와 더불어 이렇게 금식한 후에 규례를 어기고 왕에게 나아가리니 죽으면 죽으리이다 하니라 모르드개가 가서 에스더가 명령한 대로 다 행하니라

　우리는 아무것도 할 수 없을 때 기도해야 합니다. 우리가 기도할 때 전능하신 하나님의 역사가 일어나기 때문입니다. 약 2500년 전 페르시아는 에디오피아부터 인도까지를 통치하던 대제국이었습니다. 그렇기에 페르시아의 왕은 대단한 권위를 가지고 있었습니다. 왕후라도 왕명을 거역하면 바로 폐위될 정도였습니다. 왕의 신임을 받고 있던 하만의 권위 역시 대단했을 것입니다. 그가 모르드개와 그의 민족을 멸하고자 결심했다면 유대인 중에서 살아남을 자가 아무도 없었습니다.

　이런 상황에서 모르드개는 에스더를 찾아가 왕에게 간청하여 하만의 음모를 막으라고 했습니다. 그러나 에스더에게는 큰 장애물이 있었습니다. 그것은 왕이 부르기 전에는 누구도 왕을 만날 수 없다는 규례였습니다. 그 규례를 어기고 왕을 만나려면 왕후의 자리는 물론 목숨까지도 위험할 수 있었습니다. 그럼에도 왕을 만나지 않으면 유대인의 목숨이 위태롭기에 에스더는 왕께 나아가기로 결정했습니다. 그리고 이 일을 위해 모든 유대인에게 삼 일간 금식할 것을 요구했습니다. 아무것도 보장할 수 없기에 하늘에 계신 하나님에게 도움을 요청한 것입니다.

이 기도의 응답으로 하나님의 역사가 일어났습니다. 하만의 음모는 실패했고 유대인은 물론 에스더의 생명까지 안전하게 보장받게 되었습니다. 이처럼 우리의 힘이 아닌 하나님의 힘을 의지할 때 하나님의 역사가 일어납니다.

나눔의 시간

약할 때 강함 되시는 하나님을 경험한 적이 있습니까? 우리의 약함으로 인해 무너질 때 위로하고 구원하셨던 하나님의 손길을 나눠 봅시다.

결단의 시간

기도는 하나님 앞에 항복하는 것입니다. 또한 내 자아를 죽이고 오직 하나님만 역사하시도록 자리를 내어드리는 것입니다. 주님이 주시는 구원을 위해 금식하며 기도하기로 결단합시다.

함께하는 기도

하나님 아버지, 우리의 신앙과 삶과 가정이 회복되기를 원합니다. 우리를 힘들게 하는 모든 상처와 고통으로부터 치유되기 원합니다. 이를 위해 모든 것을 내려놓고 기도합니다. 하늘에 계신 아버지의 도우심을 간절히 구합니다. 인도해 주옵소서. 예수님의 이름으로 기도합니다. 아멘.

암송 말씀

> 당신은 가서 수산에 있는 유다인을 다 모으고 나를 위하여 금식하되 밤낮 삼 일을 먹지도 말고 마시지도 마소서 나도 나의 시녀와 더불어 이렇게 금식한 후에 규례를 어기고 왕에게 나아가리니 죽으면 죽으리이다 하니라 _에 4:16

주기도문

중보 기도 _ 섬김

12월 29일

기도의 시간

신앙고백 | 사도신경
찬송 | 365, 368장
본문 말씀 | 사도행전 10장 1-3절

> 가이사랴에 고넬료라 하는 사람이 있으니 이달리야 부대라 하는 군대의 백부장이라 그가 경건하여 온 집안과 더불어 하나님을 경외하며 백성을 많이 구제하고 하나님께 항상 기도하더니 하루는 제 구 시쯤 되어 환상 중에 밝히 보매 하나님의 사자가 들어와 이르되 고넬료야 하니

고넬료는 제 구 시에 환상을 보았습니다. 제 구 시면 오후 세 시입니다. 경건한 유대인은 하루 세 번 아침과 정오, 그리고 해가 진후에 규칙적으로 기도했습니다. 고넬료는 이방인이었지만 유대인처럼 하루에 세 번 기도를 드렸던 것입니다. 이렇듯 그는 규칙적인 기도의 습관을 따라 기도하던 중에 환상을 보게 되었습니다. 또 사도행전 3장을 보면 베드로와 요한이 제 구 시 기도 시간에 성전으로 올라가다가 나면서부터 걷지 못하는 사람을 치료한 사건이 나옵니다. 이처럼 하나님의 놀라운 기적과 축복의 시간표는 우리의 기도 시간에 맞추어져 있습니다.

기도 시간에 기적이 일어납니다. 기도 시간에 환상을 보고, 병이 고침 받고, 문제가 해결됩니다. 그러나 우리는 바쁘다는 이유로 기도하지 못하거나 기도 시간을 정해 놓고도 지키지 못할 때가 많습니다. 그래서 제일 좋은 기도시간은 새벽기도 시간입니다. 시편 5편 3절은 "여호와(야훼)여 아침에 주께서 나의 소리를 들으시리니 아침에 내가 주께 기도하고 바라리이다"라고 말씀합니다. 새벽에 예배당에 나와 간절히 부르짖는 습관을 가지면 일생에 하나님의 은혜가 떠나지 않습니다. 정 나오기 힘든 상황이라면 집에서라도 새벽에 일어나서 기도해야 합니다. 새벽에 일어나 기도할 때 하나님이 아침 이슬 같은 은혜로 하루를 적셔 주실 것입니다.

나눔의 시간

정해진 기도 시간이 있습니까? 언제이며, 왜 그때로 정했는지 나눠 봅시다.

결단의 시간

기도 시간에 기적이 일어납니다. 그래서 규칙적으로 정해진 시간에 기도하는 것은 매우 중요합니다. 하나님에게 기도 드릴 시간을 정해 봅시다.

함께하는 기도

하나님 아버지, 고넬료처럼 기도의 사람이 되기를 원합니다. 새벽마다 하나님의 기적을 경험하고, 부르짖을 때마다 하나님의 은혜가 넘치기를 원합니다. 때를 따라 주님을 찾는 기도의 습관이 우리 삶에 나타나도록 역사해 주옵소서. 예수님의 이름으로 기도합니다. 아멘.

암송 말씀

하루는 제 구 시쯤 되어 환상 중에 밝히 보매 하나님의 사자가 들어와 이르되 고넬료야 하니 _행 10:3

주기도문

12월 30일

합심기도

신앙고백 | 사도신경

찬송 | 96, 151장

본문 말씀 | 사도행전 12장 5-7절

> 이에 베드로는 옥에 갇혔고 교회는 그를 위하여 간절히 하나님께 기도하더라 헤롯이 잡아 내려고 하는 그 전날 밤에 베드로가 두 군인 틈에서 두 쇠사슬에 매여 누워 자는데 파수꾼들이 문 밖에서 옥을 지키더니 홀연히 주의 사자가 나타나매 옥중에 광채가 빛나며 또 베드로의 옆구리를 쳐 깨워 이르되 급히 일어나라 하니 쇠사슬이 그 손에서 벗어지더라

문제가 생기고 어려움이 다가올 때 우리가 해야 할 일은 기도입니다. 계속해서 하나님에게 부르짖으며 기도해야 합니다. 헤롯에 의해 야고보가 순교한 뒤 뒤이어 베드로도 투옥되자 초대 교회 성도들은 큰 충격을 받았습니다. 그래서 성도들은 옥에 갇힌 베드로를 위해 하나님에게 간절히 기도했습니다. 그들은 다른 사람들이 다 잠들어 있을 시간에도 베드로를 위해 부르짖고 또 부르짖었습니다. 마침내 하나님은 그들의 기도를 들으시고 천사들을 보내 옥에 갇힌 베드로를 무사히 돌아오게 하셨습니다.

이처럼 합심기도에는 능력이 있습니다. 예수님은 "두세 사람이 내 이름으로 모인 곳에는 나도 그들 중에 있느니라" 마 18:20고 말씀하셨습니다. 여러 사람이 합심하여 기도할 때 주님은 놀라운 역사를 일으키십니다. 구역에서 함께 모여 기도할 때 구역 식구들의 문제가 해결됩니다. 가정에서 함께 모여 기도할 때 하나님이 가정에 놀라운 은혜를 베풀어 주십니다. 혼자 기도하면 개인의 영성이 깊어지지만 함께 기도하면 강하게 역사하는 힘으로 인해 우리 앞에 있는 견고한 진이 무너집니다. 악한 원수 사탄의 세력이 무너지는 것입니다.

나눔의 시간

교회나 가정, 그리고 개인의 기도 제목 가운데 합심기도가 필요한 것이 있습니까? 이 시간 그 기도 제목을 나눠 봅시다.

결단의 시간

'백지장도 맞들면 낫다.' 라는 말처럼 합심기도는 우리 삶에 꼭 필요합니다. 혼자서는 쉽게 흔들리는 믿음도 함께하면 더 강해지고 힘을 얻기 때문입니다. 오늘 합심으로 기도할 제목을 정하고 온 가족이 함께 기도합시다.

함께하는 기도

하나님 아버지, 우리 가정이 함께 마음을 모아 기도합니다. 합심으로 기도할 때 견고한 진이 무너질 줄 알고 믿음으로 부르짖습니다. 성령으로 충만하게 하셔서 우리의 합심기도로 인해 하나님의 능력이 나타나도록 인도해 주옵소서. 예수님의 이름으로 기도합니다. 아멘.

암송 말씀

두세 사람이 내 이름으로 모인 곳에는 나도 그들 중에 있느니라 _마 18:20

주기도문

12월 31일

중보 기도 _ 섬김

기도의 동역자

신앙고백 | 사도신경
찬송 | 393, 405장
본문 말씀 | 레위기 26장 7-8절

> 너희의 원수들을 쫓으리니 그들이 너희 앞에서 칼에 엎드러질 것이라 또 너희 다섯이 백을 쫓고 너희 백이 만을 쫓으리니 너희 대적들이 너희 앞에서 칼에 엎드러질 것이며

　주님의 일을 할 때 반드시 동역자가 필요합니다. 동역자가 있을 때 어려운 일을 함께 나누며 위로를 받을 수 있고, 서로 도움을 주고받으며 승리하는 삶을 살아갈 수 있습니다. 특히 우리는 서로에게 기도의 동역자가 되어야 하고, 기도로 하나가 되어야 합니다. 사탄이 제일 싫어하는 것이 바로 우리의 기도입니다. 우리가 합심해서 기도할 때 사탄이 두려워 떨고, 문제가 해결되고, 하나님의 기적과 축복이 다가옵니다. 가정에서 부모와 자녀가, 구역에서 구역장과 구역 식구들이, 교회에서 주의 종과 성도들이 기도로 하나 될 때 하나님이 놀라운 기적과 축복을 허락해 주십니다.

　샌프란시스코에 금문교라는 다리가 있습니다. 다리가 가로지르는 골든게이트 해협의 이름을 따서 골든게이트 다리, 즉 금문교라 불리는 이 거대한 다리는 수많은 철사들로 인해 지탱됩니다. 총 길이가 1,200m인 이 다리는 높이가 227m인 주탑에서 늘어뜨린 두 줄의 케이블에 매달려 있습니다. 그런데 1m 굵기의 이 케이블은 하나로 된 쇠붙이가 아닙니다. 그 안에는 머리카락보다 약간 굵은 크기의 철사 2만 7천 개가 꼬여 있습니다. 그 한 가닥 한 가닥은

맨손으로도 끊을 수 있을 만큼 약하지만, 2만 7천 개가 꼬여서 하나가 되면 엄청난 하중의 다리를 붙들 수 있는 힘이 생깁니다. 이처럼 모든 성도가 기도로 하나가 되면 놀라운 기적이 일어날 것입니다. 한 사람이 기도하는 것보다 다섯 사람, 열 사람, 백 사람이 모여 합심하여 기도하면 더 큰 기적이 일어납니다.

나눔의 시간

기도의 동역자가 있습니까? 어떻게 만나 기도의 동역자가 되었습니까? 그 과정을 소개하면서 하나님이 주신 만남의 복과 은혜를 나눠 봅시다.

결단의 시간

만남의 복은 상대적인 것입니다. 좋은 사람을 만나려면 내가 먼저 좋은 사람이 되어야 합니다. 이처럼 기도의 동역자를 사귀려면 내가 먼저 기도의 사람이 되어야 합니다. 이 시간 기도의 사람이자 누군가의 좋은 기도의 동역자가 되기로 결단합니다.

함께하는 기도

하나님 아버지, 기도의 동역자를 허락해 주셔서 더욱 강력한 기도의 용사가 되도록 인도해 주옵소서. 하나님의 역사를 일으키는 훈련된 기도의 사람이 되도록 역사해 주옵소서. 예수님의 이름으로 기도합니다. 아멘.

암송 말씀

> 또 너희 다섯이 백을 쫓고 너희 백이 만을 쫓으리니 너희 대적들이 너희 앞에서 칼에 엎드러질 것이며 _레 26:8

주기도문

가정예배서

초판 1쇄 발행 | 2014년 9월 1일

지은이 | 이영훈
펴낸곳 | 교회성장연구소
편집인 | 이장석
편 집 | 이강임 · 최윤선
디자인 | 김유리
마케팅 | 김미현 · 문기현 · 이경재
쇼핑몰 | 최명선 · 이기쁨 · 장시현
행 정 | 김수정 · 이정은

등록번호 | 제12-177호
주 소 | 서울특별시 영등포구 여의공원로 101 CCMM빌딩 9층 901A호
전 화 | 02-2036-7935
팩 스 | 02-2036-7910
웹사이트 | www.pastor21.net

ISBN 978-89-8304-231-6
ISBN 978-89-8304-226-2 04230(세트)

※ 책 가격은 뒤표지에 있습니다.
※ 잘못 만들어진 책은 바꿔 드립니다.

"무슨 일을 하든지 마음을 다하여 주께 하듯 하라" (골 3:23)

교회성장연구소는 한국 모든 교회가 건강한 교회성장을 이루어 하나님 나라에 영광을 돌리는 일꾼으로 성장하는 것을 목표로, 목회자의 사역은 물론 성도들의 영적 성장을 도울 수 있는 필독서들을 출간하고 있다. 주를 섬기는 사명감을 바탕으로 모든 사역의 시작과 끝을 기도로 임하며 사람 중심이 아닌 하나님 중심으로 경영한다. "무슨 일을 하든지 마음을 다하여 주께 하듯 하라"는 말씀을 늘 마음에 새겨 하나님께서 주신 사명을 기쁨으로 감당한다.